伝える前が9割

言いたいことが
　　で伝わる!
　　　書き術

SUG

KADOKAWA

1st message
はじめに

「伝える前」に時間をかけないあなたへ

本音を言えば、「できるだけ話さないですませたい」。

これが、この本のテーマである「コミュニケーション」について私が抱いている根っこのモチベーションです。あなたには、似たような想いがあるでしょうか。

今でこそ人前で話す仕事をしていますが、子供の頃から社交は苦手でした。親戚の集まりなどがあると、できるだけ親の後ろに隠れて目立たないようにしている……それが、私の少年時代のいつもの姿でした。

あるいは、社会人になってから自身の性格や特徴に関する「タイプ分け診断」を何度かやってみたことがあります。あなたも、会社の研修等で何かしらやったことがあるかもしれません。その時の診断結果はどうだったでしょうか。

私の結果は、どれをやっても**「内向的」**というパーソナリティでした。

3つ目の例として、たとえばお店などに問い合わせる際、あなたはどうアプローチするでしょうか。「電話のほうが手っ取り早い」といってすぐに口頭で解決しようとする人もいると思いますが、私はたとえ急ぎであっても、極力メールでのコンタクトを優先してしまいます。商品やサービスに不満があっても、コミュニケーション自体にストレスを感じるため、クレームや要望の声をあげずに放置してしまったり、何も言わずに多少の損なら受け入れてしまったりすることもあります……。

いずれも根底にあるのは、**「できるだけ話さないですませたいから」**です。

以上、いきなりこんな自己開示をすることには躊躇もあったのですが、勇気を出して打ち明けてみました。その理由は1つ。

「わかります！　私にも重なるところがあります」と少しでも感じ取ってくれた人たちに、この本を届けたいと願っているからです。

もし、ここまでの文章に何かしら響くところがあったのであれば、本書はあなたのための本だと思ってください。こうして御縁ができて本当に嬉しいです。

ただ、「こんなパーソナリティの人にコミュニケーションの本が書けるの？　大丈夫？」

と不安に感じている読者さんも、中にはいるかもしれません。

答えとしては、むしろ私のようなバックグラウンドがあるからこそ、伝えることに苦手意識をもっている人たちに寄り添った本が書けるのだと捉えてください。

というのも、もとから社交が好きでコミュニケーションが得意な人は、苦手な人の立場を理解・共感することにどうしても限界があります。

その結果、私たちにとってはピンとこない話や、「いや、それができなくて困ってるんですが……」といったアドバイスが多くなってしまいがちです。

一方で、本人は真剣に言ってくれているケースが大半なので、こちらとしてはそうした想いに応えられなくて申し訳なくなってしまう……。辛いですよね。

この本ではそういったことは起きませんので、安心して読み進めていってください。

数百人のビジネスパーソンを前に平気で話せるようになった今でも、私は内向的な人間のままです。そもそも根本的な性格は、生年月日と同じで変えようのない宿命なので、尊重してうまく付き合っていくしかありません。

本書は、私なりに見出してきた**「できるだけ話さないですませたい人」**のための「コミュ

ニケーションの極意集」です。

加えて、個人的な話で恐縮ですが、本作は私にとって通算10作目の節目・記念作品という位置づけでもあります。従来以上に、大切な本質やすぐに使える話がてんこ盛りの集大成・ベストアルバム本だと思って楽しんでいってください。

書籍としては初出の内容も満載です。どうかこれから存分に満喫してほしいのですが、もう1つ。本書は、ただ楽しいだけの本ではありません。

気持ちが楽になる。肩の力が抜けてくる。そんな作品にもなっています。

私と同じように、**「できれば話さないですませたい」という本音を抱えながらも、「大人として、社会人として、そんなことでは許されない」と言って、肩肘張って無理をしている人が、実はたくさんいる……。**

私は本書を通じて、そんなあなたの本音を誰よりも尊重していきます。全肯定の姿勢を最終ページまで貫きますので、どうか前のめりではなく、ゆったり腰かけてリラックスしながら、楽な気持ちで最後まで読み進めていってください。

アタマにはわかりやすく、ココロには楽しく、ゆるむように。カラダも軽やかになって気軽にやってみたくなる。そんな読書体験となれば幸いです。

ただし、本文は楽に、楽しくなりますので、その前に1点だけ。

ちょっと重たい話になってしまうのですが、本書を貫くもう1つの大前提を、冒頭の締めくくりとして明記させてください。

伝えることに苦手意識をもっている人ほど陥りやすい、大事な話です。

人は、独りでは生きていけない。
だからこそ、「伝える力」を安易に諦めるわけにはいかない。

内向的な性格だからといって、何から何まで自己完結を貫いていては、最終的にはキャリアも人生も詰んでしまう。このことに早い段階で気づけたからこそ、私は何とか今日までやってこられた。そう断言できます。

自身の経験や様々な本を読んで学びを得るなかで、そのことを実感してきました。座右の書の1つとしている『愛するということ』（エーリッヒ・フロム著、鈴木晶訳、紀伊國屋書店）

から、この話に関わる一節を引用させてください。

タイトル通り、主たるテーマは「愛とは何か？」ですが、「なぜ、伝える力を高めていく必要があるのか？」という本書の観点でも大切な名著です。

人間のもっとも強い欲求とは、孤立を克服し、孤独の牢獄から抜け出したいという欲求である。この目的の達成に全面的に失敗したら、発狂するほかない。なぜなら、完全な孤立という恐怖感を克服するには、孤立感が消えてしまうくらい徹底的に外界から引きこもるしかない。

特にコロナ禍以降、「人と接触しなくてもＯＫな社会」へのシフトが加速しています。コミュニケーションが苦手、あるいはめんどくさいと感じる人たちにとって、これは一見すると大変ありがたい流れです。私自身、便利過ぎて驚くことも多々あります。

でも、だからといって「伝える力」はもう磨かなくても良いのでしょうか。

24時間・３６５日、誰とも関わらずに生きていけるのかといえば、食事と睡眠と適度な運動さえカバーできれば、肉体的には大丈夫かもしれません。

一方、精神的には参ってしまう。

これが今から約70年前に、フロムが私たちに残してくれた人間の本質です。

実際、孤独に耐えられなくなった人たちが起こす数々の騒動を、私たちは日々のニュースや職場、日常の人間関係で見せられ続けています。

コロナ禍を経て、人とのつながりがさらに希薄になっていく社会。あなたも内心では、「このままだとヤバイのでは」と感じているのではないでしょうか。

あるいは、もし精神面での話が抽象的でピンとこなければ、経済的な側面からも話すことは可能です。

そもそもビジネスは、自己完結では絶対に成立しません。

お客様という他者の存在なくして、売上をあげることはできないからです。

あるいは、自分で自分に給料を払うこともできません。自身以外の他者＝会社やお客様にあなたの働きが伝わることでしか、決して報酬は発生しえない。

どんなに内向的であっても、精神的にも経済的にも、私たちは「伝えること」から逃走しっぱなしというわけにはいかないのです。

「できるだけ話さないですませたい」、**でも「人とは関わっていきたい」**。

本書は、たとえ面倒であっても人と関わることを取り戻していきたい人、可能であればもっとコミュニケーションを楽しめるようになりたい人のための本です。

これから本書を読み終えた後の自分に、少しでも変化や成長＝ビフォーアフターの可能性を見出せた方は、どうぞ本文へとお進みください。

最初のテーマは、**いったいどうすれば「伝えたくない、でも伝わりたい」という相反する2つのニーズを両立できるのか**について、いきなり答えを書いてしまいたいと思います。長年の試行錯誤や工夫を経てつかみ取った、最重要の本質。

それを極意として極限までシンプルに言語化し、これからお伝えしていきます。

PART0「基礎＝ベース」編、はじめのキーワードは「**伝える前に**」です。

PART 0

伝える前が9割「基礎＝ベース」編
これで「話さなくても」伝わる

PART 1

これで「わかりやすく」伝わる

伝える前が9割「理解＝ロゴス」編

PART 2

伝える前が9割「共感＝パトス」編
これで「心に響いて」伝わる

PART 3

伝える前が9割「信頼感＝エトス」編
これで「信じて動いてくれる」

装丁　西垂水敦＋市川さつき（krran）
装丁イラスト　alekseyvanin by stock.adobe.com
本文デザイン　荒井雅美（トモエキコウ）
DTP・本文図版作成　エヴリ・シンク
校正　あかえんぴつ

PART 0 Base

伝える前が9割
「基礎＝ベース」編
これで「話さなくても」伝わる

Base 0-1

伝える前に、「見せられるもの」を用意する

私は社会人教育の世界で10年以上、教える仕事を続けています。

自社でスクールを開講し、研修や講演にも日々登壇しているのですが、特に法人案件で多く引き受けるテーマが「組織コミュニケーションのカイゼン」。つまり、**「教える＝伝える」仕事であるのと同時に、内容も「伝える力」を題材にすることが多い**のです。それだけ蓄積された経験・知見をベースにして本書は構成されています。どうか安心して、素直に流れに乗って読み進めていってください。

さて、毎回の登壇の冒頭、私は受講者さんの緊張をほぐす意図もこめて「道案内ワーク」という学習機会をよく提供しています。

これを、本書でも最初に紙面上でやってみましょう。

次の3つのうち、「最も伝えやすい道案内」はどれだと思いますか？
ワークショップに参加したつもりで、想像しながら考えてみてください。

- **1回目：話す側も聞く側も、まったく地図を見ない状態で道案内（30秒）**
- **2回目：話す側だけ地図を見てOK、聞く側は地図なしで道案内（20秒）**
- **3回目：話す側も聞く側も、お互いに地図を見ながら道案内（10秒）**

本なので実際に伝えてみてもらうことは叶いませんが、それでもすぐに3回目だとイメージできるのではないでしょうか。

1回目のように「口頭オンリー」のコミュニケーションは自分が伝えにくく、また相手にも大変伝わりづらい伝え方です。時間は30秒とっていますが、1分に延長したところで結果は変わりません。むしろ余分に浪費するだけです。

一方、2回目は話す側の手元に地図があるため、1回目よりははるかに伝えやすくなります。20秒でも、地図さえあれば説明自体は十分に可能です。

ところが、聞き手側は相変わらず手ぶら状態のため、相手の説明を踏まえて頭の中で自分なりに地図を再現する必要があります。
聞き手自身が行ったことのある場所なら何とかなるかもしれませんが、まったく知らない施設や街、外国が舞台となった場合は……お手上げ状態となってしまうのではないでしょうか。1回目より圧倒的に**「伝えやすくはなる」が、必ずしも「伝わりやすくなる」とは限らない。**これが、2回目の道案内のポイントです。

「伝える」と「伝わる」。たった1文字の違いですが、どうすればこの2つが一致するような「伝え方」ができるのか。
その答えが、3回目の道案内です。本質をヒトコトで言語化してみます。

「見せて」伝える。

お互いが同じ地図を見ていれば、口頭での説明はほぼ必要ありません。
指をさして、「今ここで、目的地はこっちです。なのでこう進んでください」と言って地図をなぞれば、10秒でも十分に「伝わる」説明ができます。

特に本書の内容を仕事で活かしていく場合、この「3回目の道案内」が決定的に重要です。なぜでしょうか。

理由は、**効率性を追求したいビジネスコミュニケーションにおいて基本動作とすべき「伝え方」が、この「見せる」だから**です。

逆に、極力回避すべき非効率なスタイルは「1回目の道案内」、すなわち「口頭オンリー」によるコミュニケーションということになるのですが……。

11年、1万人以上のビジネスパーソンと関わってきてわかったことは、驚くほど多くの人が「1回目の道案内」スタイルで報告・連絡・相談（以降は「報連相」と記載していきます）等を無頓着に行っているという実態でした。

一例を挙げれば、あなたはテレワークの際、日常的に「画面共有」機能を使っているでしょうか。何も見せずに、カメラもOFFにして「サウンドオンリー」のテレワークを基本にしてしまっていないでしょうか。

これは、道案内ワークで言えば1回目の状態です。これほど非効率で、自分だけでなく相手の時間を過剰に奪ってしまうコミュニケーションスタイルはありません。

あなたや、あなたの会社の組織コミュニケーション、あるいはデジタルコミュニケーションは、本質からズレた事態に陥ってしまっていないでしょうか？

誤解しないでほしいのですが、私はテレワークを否定してはいません。

テレワークでも、「3回目の道案内」状態＝「見せて伝える」状態を再現できるのであれば、何ら問題はありません。ドンドン推進していきましょう。

大切なのは、そのために「画面共有」機能があるのだと深いところで理解し、日常的に使い倒しているかどうかという点です。

もちろん、すべてのコミュニケーションを「3回目の道案内」スタイルでやりましょうと言うつもりもありません。誤解の余地がないシンプルなコミュニケーションであれば口頭でも困ることはないと思いますし、そもそも何か見せられるものを毎回用意できるとも限りません。

それでも、基本は「見せて伝える」を常に目指すこと。なぜなら、それが**最も短時間で、効率的で、相手の時間を奪わないですむ伝え方**だからです。

何より、「見せて」伝えることができれば、私たちはあれもこれも長々と説明する必要がなくなります。

これは朗報です。とりわけ、「できるだけ話さないですませたい」と感じている私たちにとっては、福音といっても過言ではないインパクトがあります。

「本当はそこまで話したくない」という本書の本音ニーズを最大限尊重しつつ、「最短時間」で、相手に「わかりやすい」と感じてもらえる「伝わる」コミュニケーションを両立・量産できる究極の基本動作。

それが、**伝える前に、何か「見せられるものを用意すること」**なのです。

以上、冒頭にしていきなり最重要の本質をつかんでもらったところで、次に進みましょう。テーマは、どうやって何かしら「見せられるもの」を用意していくのか。

この問いに答えるための最大のキーワードは、「**トヨタ**」です。

Base
0-2

伝える前に、「紙1枚」にまとめてみる

私はサラリーマン時代の大半を、トヨタ自動車株式会社（以下、トヨタと記載）で過ごしました。トヨタには独特の文化があり、その多くが書籍等で長年紹介され続けています。私なりに10年間その一翼を担ってきましたが、10冊にわたって語り続けていることは、**トヨタの「紙1枚」文化**についてです。

企画書、報告書、議事録、問題解決、評価レポート、等々。

あらゆる書類を「紙1枚」にまとめていく。実際、トヨタの社内に貼り出されているポスターには、こんなことが書かれています。以下は『トヨタに学ぶ　カイゼンのヒント71』（野地秩嘉著、新潮社）という本からの引用です。

事技系職場における7つのムダ　（※3つ目のみを抜粋）
③資料のムダ
報告のためだけに資料を作っていませんか？
A4／A3一枚以上の資料を準備していませんか？

そもそも、トヨタの人は「口頭オンリーのコミュニケーション」が嫌いです。だからこそ、この標語でも決して「資料を作るな」とは書いていません。一方で、「何枚も作れ」とも言っていなくて、「紙1枚」に収めていこう、となっています。

まだ何もわかっていなかった新人の頃、手ぶらで上司とのミーティングに臨んだことがありました。すると、上司から「お前、仕事する気あるのか？」と一喝され、打ち合わせをしてもらえなかったことがあります。

なぜ、私は上司から門前払いをくらってしまったのか。

答えは、ロクに仕事もできない新入社員が、「1回目の道案内」スタイルでコミュニケーションをとり、上司の時間を過剰に奪おうとしてしまったから。**「会議以前の段階＝伝える前」の基本動作ができていなかった**ということです。

猛省した私は、その後いついかなる時も「3回目の道案内」スタイルによる報連相を基本とするようになりました。そうやって実践をするなかで、しだいにこれは「できるだけ話さないですませたい」私たちにとって最適・最良・最強のコミュニケーション手段なのだと実感するようになっていったのです。

実際、私に限らずトヨタで働く人たちは、社内外でのやりとりについて極力「紙1枚」資料を事前に準備してから臨んでいました。

5枚も10枚も資料があったら、たとえ説明はできても、それは決して「見せられる」レベルにはなっていません。時間が過剰に必要になり、非効率です。

トヨタはムダも大嫌いな会社なので、「読んでわかる」資料ではなく「見てわかる」資料を求めます。

まとめれば、**「読ませたい」ではなく「見せたい」からこそ「紙1枚」**なのです。

これを7万人の社員が一様に基本動作として実践すれば、ムダのない効率性の高いコミュニケーションを組織的に実現できます。

トヨタは、一部の突出した社員によって率いられているわけではありません。

もちろん優秀な人も数多くいますが、トヨタの強みの本質は、全社レベルで「3回目の道案内」スタイルのコミュニケーションが浸透している点にあるのです。

「伝える前が9割」を体現している企業、それがトヨタ。

報連相やプレゼンの前に、見せて伝えられる「紙1枚」資料を準備する。そうすれば、ムダのない効率的なコミュニケーションを実現できる。大事なところなので、たたみかけます。この本質について、さらに別のキーワードを使って理解を深めていきましょう。次のヒトコトです。

「ペーパーレス」とは、決してペーパー「ゼロ」ではない。

「LESS」は「より少なく」であって、決して「ZERO」にすることではありません。にもかかわらず、この10年間「ペーパーレス＝資料撤廃＝ペーパーゼロ」という意味で全社的に号令をかけている企業に遭遇し続けてきました。

コロナ禍以降は、「DX」「デジタル完結」といった言葉で、同様の取り組みが現在進行形で推進され続けています。

果たしてこれは本当に、効率化や生産性向上につながる施策なのでしょうか。

少なくとも「コミュニケーション」という観点では、答えはNOです。

なぜなら、**社を挙げて「1回目の道案内」スタイルで仕事をせよ！　と仕切っている**わけですから、これでは逆に非効率な組織コミュニケーションが加速するだけなのではないでしょうか。

あるいは、コロナ禍以降、「カメラOFF・音声のみのテレワークを推奨」とルール化している企業にも数多く出会ってきました。

コミュニケーションの観点で何が問題かは……もう、説明不要ですよね。

もちろん、たとえカメラOFFであっても、「画面共有」機能を駆使すれば「3回目の道案内」スタイルによるコミュニケーションは実現可能です。

とはいえ、カメラOFFによるテレワークを推奨している会社で、**「でも、代わりに画面共有機能は使い倒してくださいね」**とアナウンスしているようなケースを、少なくとも私は1社も知りません。

なので、今この文章を読んで「なるほど、これがデジタルコミュニケーションの本質か！」となった人は、まずは「画面共有」機能への親近感を高めるところからリスタートをはかっていきましょう。

2020年からの3年間で見失ってしまった組織コミュニケーションの本質を、まずは取り戻していく。今回の読書体験が良いきっかけとなれば嬉しいです。

以上、トヨタの「紙1枚」文化について、近年のテレワーク文脈も織り交ぜながら紹介してきました。

ところで、具体的にどんな「紙1枚」を用意すれば良いのでしょうか。これが次のテーマとなります。カギは3つ。「**フレーム**」「**テーマ**」「**2W1H**」です。

Base 0-3

伝える前に、「3つの制約」で考え抜く

図01は、私がトヨタで作成していた資料の一例です。
できるだけ3つの資料を横断的に眺め、共通点を探してみてください。

1点目は前述の通り、いずれも「紙1枚」にまとまっていること。
加えて、トヨタの「紙1枚」資料には、次の3つの特徴があります。

①「枠=フレーム」に記入するスタイルで作成されている
②各枠の上部には「テーマ」が記載されている
③テーマは、「What」「Why」「How」のいずれかになっている

図01

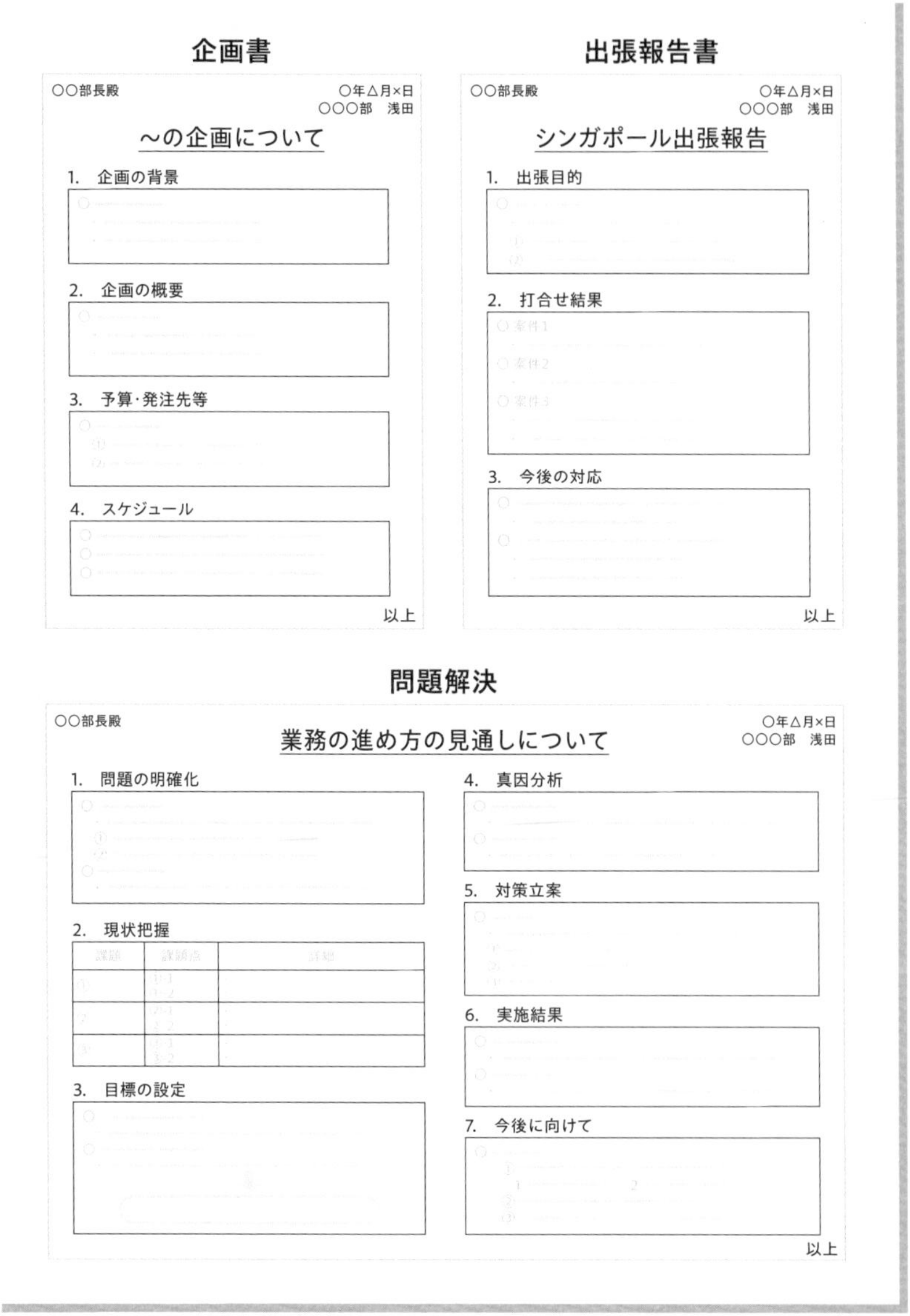

トヨタで作成していた「紙1枚」資料の例

まず、いずれの資料にも**「枠＝フレーム」**が複数あると視認できるはずです。

また、各枠には「企画の背景」「概要」「予算」「目的」「今後」等々、枠内が何について書かれているかを明示する**「テーマ」**もセットになっています。

加えて、各テーマを疑問詞に置き換えてみると、次のように変換可能です。

・**企画書：背景（Why）、概要（What）、予算・スケジュール等（How）**
・**報告書：目的（Why）、結果（What）、今後（How）**
・**問題解決：問題の明確化・現状把握（What）、目標設定（How）、原因（Why）、対策（How）、結果の評価・今後（How）**

見ての通り、煎じ詰めればいずれも**「What」「Why」「How」**のいずれかの疑問詞に分類することができます。つまり、どの資料も結局はこの**3つの疑問を解消するように構成**されているのです。

伝える前に、トヨタの人たちはどうやって「紙1枚」にまとめているのか。

「紙1枚」といっても、白紙にいきなり好き勝手にまとめていこうとすると、ほとんどの人はうまくできません。まっさらな紙をただ眺めているだけでは、頭のほうも真っ白になってしまうだけです。

そこで、**「枠＝フレーム」をいくつか用意し、「What」「Why」「How」の3つの疑問を解消するような「テーマ」を考え、まずは資料の枠組みを先に決めてしまう。**資料作成前に大枠を固めてから、文章を書き出していくのです。

実際には、パソコン上でこの作業をやっていきます。

まずは、各枠を盛大にはみ出してしまっても構いません。とにかく書けることをできるだけ全部、ひとしきり記入してしまいましょう。

その後、今度は枠内に収まるように表現をまとめたり、より端的な言葉に置き換えたりといったことを何度も繰り返していきます。可能であればプリントアウトし、目視で確認しながら推敲し、さらに加筆修正していく。そうやって、最終的に「紙1枚」に収まるように仕上げていくのです。

これが、私がトヨタで学んだ資料作成法のダイジェストとなります。

伝える前に、このような事前準備を経て「紙1枚」資料を作成することには、伝える時に「見せられる」以外にも重要な本質があります。

1つ前の項目【Base0-2】で、トヨタ社内に掲示されているポスターの話をしました。そこには「報告のためだけに資料を作っていませんか?」と書かれていたのですが、「報告のためだけでない」のだとすればいったい「何のため」なのでしょうか。

実際には様々な目的があり得ますが、本書の文脈に沿って1つだけに絞ると、私なりの答えは、自身の担当業務について**「トコトン考え抜くため」**です。

- **このプロジェクトの目的は、煎じ詰めると何のため?**
- **今抱えているいくつかの課題に、共通する根本原因は?**
- **今後の方向性は何パターンもあり得るが、結局のところどうしたい?**

資料を「紙1枚」にまとめる際、こうした自問自答を繰り返さないと、言葉を削ったり要約したりすることができません。逆からいえば、資料を「紙1枚」にまとめるという「制約」があることによって、私たちは伝える前に、自身の担当業務についてじっくり考えることができるのです。

こうした下準備をトコトンやっておけば、コミュニケーションが苦手な人でも、理路整然と端的に伝えることができるようになります。

事前に深く考え抜いてあるからこそ、相手から何を質問されても、ツッコミに対して的確な応答ができるようになってくるのです。

「できるだけ話さないですませたい」私たちにとって、**「伝える前」に「紙1枚」にまとめてみることがいかに重要なのか。**これでわかってもらえたと思います。

伝える前に、「紙1枚」でトコトン「考え抜ける」。

伝える時に、「紙1枚」を「見せる」ことで最小限の説明ですませられる。

伝えた後も、「紙1枚」にまとめたからこそ「的確な応答」ができる。

私のような内向的でコミュニケーションが苦手なタイプが、どうしてトヨタのような企業で働くことができたのか。そのヒミツが「紙1枚」文化にあるのだということを、ここまで明らかにしてきました。

通常のビジネス書では「コミュニケーションのムダを省く」という生産性や効率性、経済性の観点からしか、「紙1枚」の意義は説明されません。

一方、本書では**「コミュニケーションが苦手な人にも優しい文化」「社交が苦手なタイプでも組織に貢献しやすい文化」「内向的な社員でも孤立や孤独に陥らずに他者とつながれるハートフルな文化」**といった側面を強調しておきたいと思います。少なくとも、私はトヨタの「紙1枚」文化のこのような特徴によって、何度も救われる体験をしてきました。

どれだけ感謝しても感謝しきれませんし、だからこそ10年以上、10冊にわたって、私なりに「紙1枚」の本質や意義を語り続けています。

かつての私と同じように「コミュニケーションは苦手だ、面倒だ」と感じている人にこそ、伝える前に「紙1枚」を書いてみてほしい。

その一心で、これからもこうした活動を続けていきます。

さて、少々想いがあふれてしまいました。次の項目に進みましょう。

本書は、「伝え方」の本です。「資料作成」はメインテーマではありません。

ワーク・ライフを問わず、あらゆるコミュニケーションの場面で役立ててもらうための書籍です。どうすれば**資料作成「以外」**でも、この学びを活用できるのか。

次なるキーワードは、「**カレーライスのように**」です。

Base 0-4

伝える前に、「思考整理」してみる

この項目は、他と比べて少し長めです。実際に「紙1枚」書いてもらう場面もありますので、そのつもりで読み進めていってください。

ここまで、私がトヨタ時代に体験した資料作成の本質を一通り明らかにしてきました。トヨタの「紙1枚」文化を味わうなかで、また1人の社員としてその本質を体現するなかで、私は**「伝える前に、資料作成＝思考整理を行う習慣」**を身につけていきました。

と、いま言い換えた通りです。資料作成は、あくまでも手段に過ぎません。

目的は、「思考整理」にあります。

思考整理さえできれば、資料作成を伴うコミュニケーション「以外」でも、あらゆる場面に応用可能な道が拓けてくる。そうすれば、「できるだけ話さないですませたい」という本音を抑え込み、日々無理や背伸びをして等身大ではない自分で頑張っている人たちの役に立てるのではないか。

そのような願いから、トヨタの「紙1枚」文化をできるだけ手軽に、誰でも短時間で実践できるようにフレームワーク化したのが、**「1枚」フレームワーク®**という手法です。

これまでに55万人以上の読者の方に学んでもらった技術であり、実際にあらゆる年代の人が、様々な題材でこの方法を活用してくれています。

といっても、難しいことは何もありません。3STEPだけでOKです。


これから「30秒間自己紹介」を例にしてさっそく「紙1枚」を書いてみたいのですが、その前に。「今から30秒間で自己紹介をお願いします、どうぞ」と言われた時、あなたはうまく話せるでしょうか？

- **最初のヒトコトが言えずに、ずっと沈黙してしまう……**
- **途中で何を話しているのか、自分でもわからなくなってくる……**
- **時間内に話せず、ダラダラとオーバーしてしまう……**

こうした悩みの根本原因を、本書では**「伝える時になって何とかしようとしても、もう手遅れだから」「伝える前に、やるべきことをやっていないから」**だと捉えていきます。したがって解決策は、「伝える前に、思考整理すればOK」となるのですが、ここで問題です。

そもそも「思考整理」とは、いったい何でしょうか。

この問いに答えられなければ、いくら「さあ、伝える前に思考整理するぞ！」と唱えたところで状況は好転していきません。

本書では、「思考整理とは、2つのプロセスでできている」と定義します。

① 考えるベースとなる「情報を整理する」
② 自分なりに「考えをまとめる」

これは、料理のイメージで捉えてもらうとわかりやすくなります。

たとえば、カレーを作りたいとなった時、当然ながらカレー粉や野菜、お肉といった材料がなければ何もスタートできません。

この材料集めにあたる部分が、**「①情報を整理する」**です。

一方、**「②考えをまとめる」**は、カレーであれば調理の段階に相当します。必要な材料をまな板の上に並べ、目的の達成につながるようにまとめていく。この2つのプロセスを「思考整理」と定義し、「紙1枚」書くだけでカンタンにできるようレシピ化したのが「1枚」フレームワークなのだと理解してください。

それでは、書き方を説明していきます。

このままとりあえず読み進めるか、読みながら実際に書いてみるかは自由ですが、実際にやってみようと決めた人は、手元に紙とペンを用意してください。

紙は、コピー用紙でもノートでも、何かの裏紙でも構いません。

ただ、最低でもA5サイズ以上が良いので、小さなメモ帳は避けてください。

本書では、できるだけ手軽に取り組めるように、A4サイズのコピー用紙を使った例で説明していきます。これを半分に折ってA5サイズにすると記入しやすくなりますので、手元に手頃なノートがない人はコピー用紙でやってみてください。

また、ペンについてはカラーペン、それも緑・青・赤3色のカラーペンを一応推奨はしています。**「視覚的に思考を整理しやすくなるから」**というのが主な理由ですが、準備にハードルの高さを感じるなら、当面は黒ペン1色でも構いません。

まずは気軽に、試しに書いてみることのほうを優先してください。

STEP1：「枠＝フレーム」を作成し、「テーマ」を記入する

図02のように、緑ペンで紙の真ん中にタテ線とヨコ線を引いてください。

続いて、その線を基準にしてさらにタテ線を2本、ヨコ線を2本引きます。

これで4×4の「枠＝フレーム」の集合体が完成しました。

最後に図03のように、左上の第1フレームに、日付と「テーマ」を記入します。

これも引き続き緑ペンで行ってください。

今回は「自己紹介」を例にしていますので、第1フレームにはそのまま「自己紹介」とだけ書けばOKです。これで緑ペンのパートは完了となります。

図02

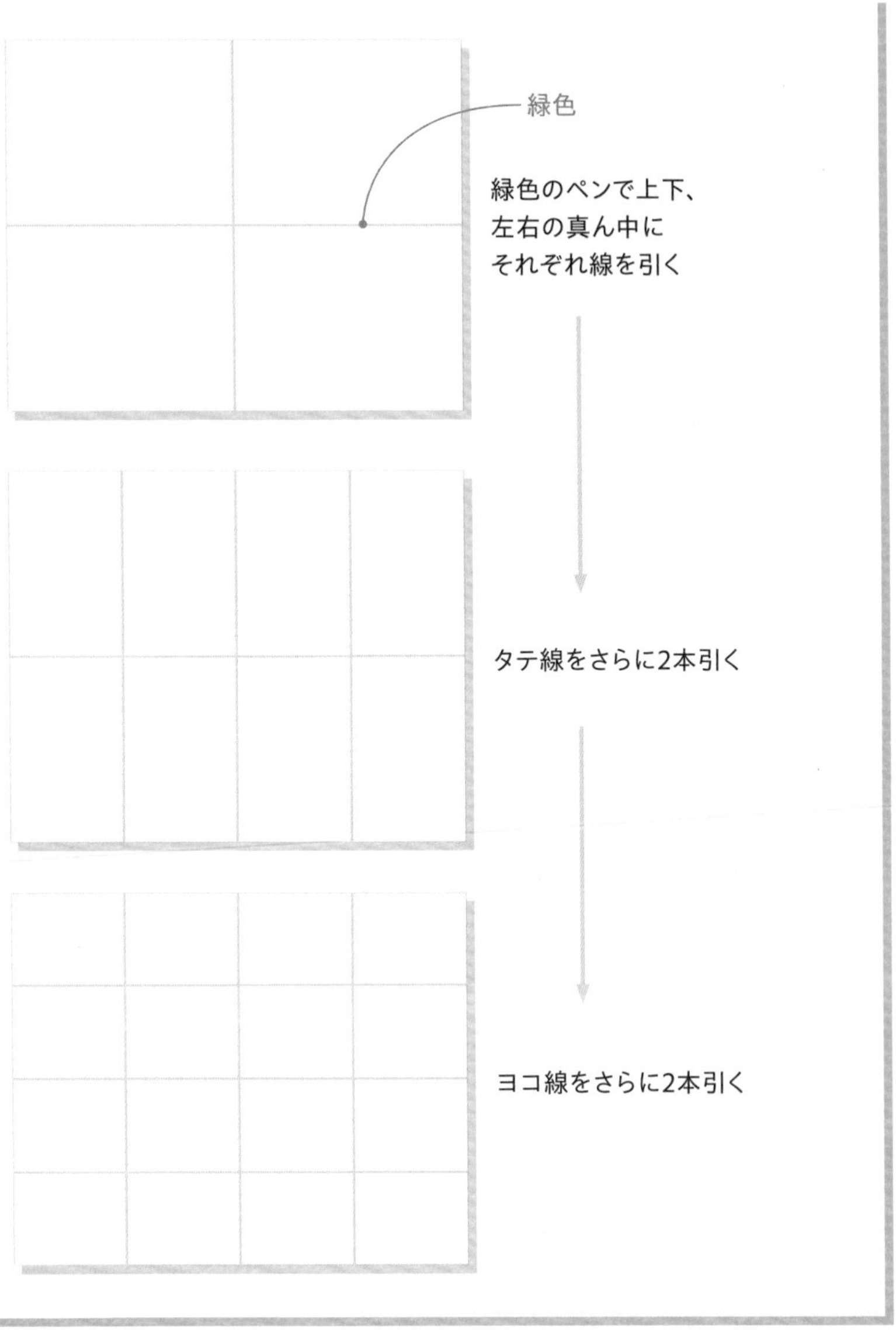
緑色
緑色のペンで上下、
左右の真ん中に
それぞれ線を引く
タテ線をさらに2本引く
ヨコ線をさらに2本引く

STEP2：枠内に、テーマに関するキーワードを埋めていく

ここからは、思考整理のうち「①情報を整理する」プロセスです。

この部分は青ペン推奨でやっていきます。

テーマに関するキーワードを、思いつくままに埋めていってください。

1つ前の項目である【Base0-3】でも書きましたが、私たちは「白紙だけ渡すから好きにしてOK」と言われると、むしろフリーズしてしまいます。

一方、「この枠の中に記入してください」とガイドされると、拍子抜けするほどあっさり埋めることが可能です。

これを体感できると、今まで**「書くのが大事だと言われても何もできませんでした」**となっていた人たちが一気にブレイクスルーします。心当たりのある人ほど、そのことを味わいながら実際に記入してみてください。

なお、「①情報を整理する」プロセスは、テーマにもよりますが基本的に2分程度で十分です。15個すべてを埋める必要はありません。半分以上（8個以上）記入できればOKなので、全部埋めることよりも時間を優先してください。

図03

Date: Theme: 11/11 自己紹介	マルタ	トヨタ	本を10冊
名古屋	読書	サイバー フォーミュラ	累計 55万部以上
カナダ	10,000冊以上	「紙1枚」	海外5か国翻訳
旅行	クリステンセン	10,000人以上	累計1,000号以上 のメールマガジン

STEP3：キーワードをつないでまとめていく

最後は、「②考えをまとめる」プロセスです。ここは視覚的な区別をつける意味で、もし可能であれば赤ペンでやってみてください。色分けしたほうが間違いなく思考がクリアになりますので、苦手な人ほどこの色分けをオススメします。

STEP2で書き出したキーワードを組み合わせて、自己紹介の流れをまとめていきましょう。といっても、やることは至ってシンプルで、図04のように伝える順番に赤ペンで◯をつけ、矢印でつないでいくだけです。

ただし、「30秒自己紹介」というテーマでやっていますので、すべてのキーワードについて話していると、時間が足りなくなってしまいます。

この題材の場合は6個前後が適切な数となりますので、特に自分を紹介するうえで重要だと思うキーワードを取捨選択していってください。

その際、これも【Base0-3】で解説した通りですが、**「煎じ詰めると？」「要するに？」「細かいことは無視すると？」**といった自問自答を繰り返すことになりますので、その過程で適切な言葉を選び取る力を高めることができます。

図04

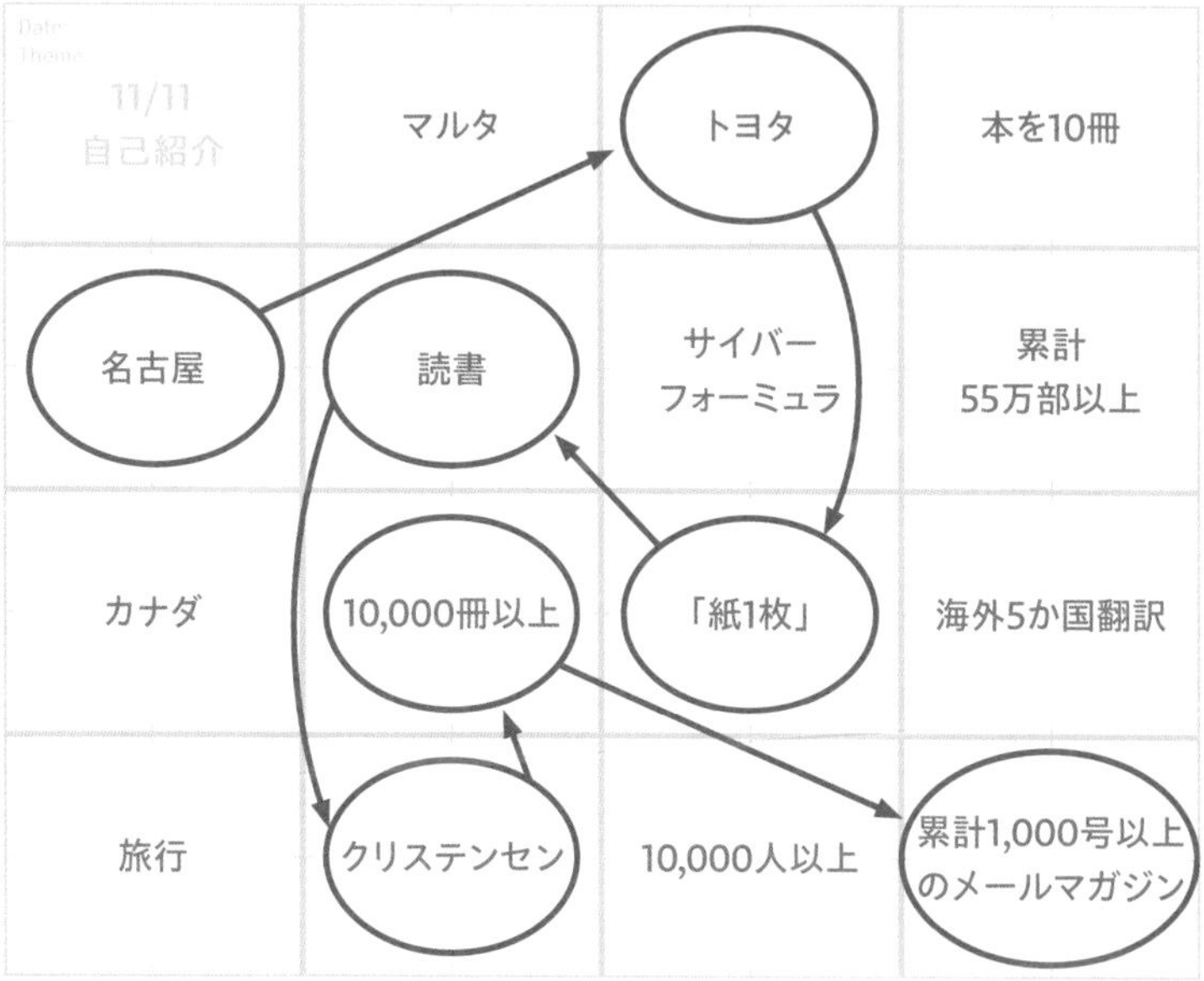
Date:
Theme:
11/11
自己紹介
マルタ
トヨタ
本を10冊
名古屋
読書
サイバー
フォーミュラ
累計
55万部以上
カナダ
10,000冊以上
「紙1枚」
海外5か国翻訳
旅行
クリステンセン
10,000人以上
累計1,000号以上
のメールマガジン

また、何か別の言葉が浮かんできたり、端的なフレーズにまとめ直せたりといったことも可能になってきますので、その場合は赤ペンで余白スペースに記入するようにしてください。要約力や言語化能力を高めることにもつながっていきます。

以上が、伝える前に活用していく「紙1枚」思考整理法の概要です。

わずか5分程度のスキマ時間で、たった「紙1枚」書くだけのリソース投入で、伝える前にやるべき思考整理をカンタンに実践することができる。そんな手法になっていますので、これからたくさん書いて親近感を高めていってください。

その際、もし手書きに抵抗があるのであれば、巻末の**「実践サポートコンテンツ」からデジタル版の「1枚」フレームワークをダウンロードすることが可能**です。

紙媒体のほうが思考整理に向いているといった学術的な知見もあるのですが、こういう時代なので、紙でもデジタルでも実践のイメージがわくほうでやってもらって構いません。

また、この「紙1枚」を使った私の自己紹介動画も視聴できるようになっています（巻末参照）。伝える前にこうした「紙1枚」にまとめることの威力や魅力を、**書籍以外の媒体**でも味わってもらえたら幸いです。

ちなみに、「媒体を変えること」の意味や意図については、PART2の「パトス」編で詳しく解説します。

以上、まずは一通り「1枚」フレームワーク＝「紙1枚」思考整理法について、知ってもらう＆体感してもらう機会をつくってみました。

次の項目では、このフレームワークとトヨタの「紙1枚」を接続しつつ、さらにロジカルな伝え方ができる活用法についても紹介したいと思います。

その際に重要となるキーワードは、「**2W1H**」です。

Base
0-5

伝える前に、「3つの疑問」を解消する

改めて、私がトヨタで学んだ「伝える前」の基本動作＝「紙1枚」にまとめる資料作成の本質は次の3つでした。

①**「枠＝フレーム」に記入するスタイルで作成されている**
②**各枠の上部には「テーマ」が記載されている**
③**テーマは、「What」「Why」「How」のいずれかになっている**

1つ前の項目【Base0-4】で学んだ「1枚」フレームワークは、①と②**について緑ペンを使って手書きレベルの動作に変換したもの**だと捉えてみてください。

タテ線とヨコ線を引いて半分に区切っていくだけで、誰でもカンタンに「枠＝フレーム」

を作成できる。加えて、左上の第1フレームに「テーマ」を書くことで、トヨタの「紙1枚」資料と同じ構造を、シンプルな動作で再現しているわけです。

それと、枠内に記入しながら「思考整理」する行為については、青ペンと赤ペンを使い分けながら、これも本来であれば脳内でやらなければならない抽象的な行為を、目で見て、手を動かして行えるように型化してあります。

実際にやってもらうことは本当にシンプルです。それでも、**トヨタで働く人たちが「紙1枚」資料を作成しながらやっていることと同等の「伝える前の下準備」**を、この手法であなたもマスターすることができます。

さて、残るは③の**「2W1H：What・Why・How」**についてです。

これは、「テーマ」のフレームをヨコに3つ増やして、次ページの図05のように記入することで実践できます。緑ペンのところをよく見てください。

図05

Date: Theme: 01/01 仕事紹介	具体的には?	なぜ 広めてる?	どう 広めてる?
P1?	「紙1枚」 資料作成法	コミュニケーション 苦手な人↑↑↑	作家として: ビジネス書を執筆
P2?	「紙1枚」 プレゼンテーション	思考整理力を 鍛える機会↓↓↓	教育者として: 研修・講演等に 登壇
P3?	「紙1枚」 会議術	「デジタル化」 の進展	オンライン動画 学習コミュニティ を主宰

これは「仕事紹介」をテーマにした「紙1枚」の例です。

「具体的には？＝What」「なぜ広めてる？＝Why」「どう広めてる？＝How」というように、2W1Hを網羅した質問文を、緑ペンであらかじめ記入しておきます。その後、青ペンで各問いの答えを埋めていくことで、この枠組みによる思考整理が可能です。ぜひ、あなたの仕事をテーマにしてやってみてください。

なお、1列目に書いてある「P1？」等の記載は、「ポイントの1つ目は？」という意味です。私はトヨタで「紙1枚」資料を日々作成していた時、**できるだけ各テーマに関する内容（青ペン部分）をポイント3つに収める**ようにしていました。

これは全社的に誰もがやっていたというよりは、私が個人的に課していた追加の制約です。一方、「伝え方」や「コミュニケーション」をテーマにした本であれば、どれを開いても「ポイントは3つ前後でまとめる」といった話がでてきます。

なので、私自身は「What」「Why」「How」の3つの疑問を解消するという意味での3に加え、各テーマ内のポイントも3つ以内にするようにしていました。

こうした「わかりやすさ」の本質をトコトン凝縮し、「紙1枚」書くだけで使えるレベルにスキル化したのが、この図05です。

事前にこうした思考整理をすると、どう伝えられるようになるのか。

今回は、実際に私が話している例を文字起こししてみます。

私は、社会人教育の世界で「紙1枚」仕事術を広めています。

具体的には、「紙1枚」による「資料作成法」や「プレゼンテーションの技術」、あるいは「会議ファシリテーションの手法」についても教えています。

なぜ、私がこういったスキルを広めているのかというと、今のビジネスパーソンの「コミュニケーション能力に危機感」を抱いているからです。

その原因を、私は「思考整理力を鍛える機会がなくなってきているから」だと考えています。

では、どうして機会が減ってきているのかといえば、最大のキーワードは「デジタル化の進展」です。脱アナログが進む現代において、私たちが資料を作成する機会は減ってきています。その結果、資料作成を通じて思考整理する機会も減り、それがコミュニケーション力の低下へとつながっている。

こうした状況に対応するべく、私は「紙1枚」書くだけの思考整理法をこれから必須となる仕事術として広めています。

最後に、**どうやって**この手法を広めているのかについてです。実際には色々やっていますが、今回は3つに絞って紹介します。

まず1つ目は、作家として毎年のようにビジネス書を出させてもらっています。

また、研修・講演・スクール等を通じ、日々登壇もさせてもらっています。

最後に、社会人向けにオンラインの動画学習コミュニティも開講していますので、良かったら私の名前で検索してみてください。

読んでみていかがだったでしょうか？　文章として読むと長く感じるかもしれませんが、実際にはこれで1分から1分30秒程度の分量になります（この例も、巻末の「実践サポートコンテンツ」で動画視聴できるようになっています）。

伝える前に5分程度の時間を確保、あるいはこのバージョンの場合は10分程度まで延長してもらっても構わないのですが、いずれにせよ**「紙1枚」書いて3つの疑問を解消する**

ように思考整理するだけで、こういったよりロジカルな「伝え方」が可能になるわけです。

実際、この「Ｗｈａｔ」「Ｗｈｙ」「Ｈｏｗ」もカバーしたバージョンの「1枚」フレームワークは、図06のように様々な業務に応用することができます。

企画立案、報告、クレーム対応、等々。

まったく異なる業務であるにもかかわらず、伝える前に3つの疑問を解消するように思考整理していけば、1パターンの伝え方でＯＫになります。

「できるだけ話さないですませたい」と感じている私たちでも、これなら許容できるのではないでしょうか。たった1つのスタイルを身につければ良いだけなのであれば、心理的な負担も相当和らぐはずです。

実際、サラリーマン時代も独立してからも、私は一貫してこの1パターンの思考整理&コミュニケーション法で、様々な仕事を積み上げることができています。

研修や講演登壇時の講義内容の検討や、受講者さんから相談を受けた後のまとめ作成時に。あるいは、書籍の企画立案でもこの方法を貫き、それで10冊、実際に本を書いてきました。

極める価値は十分にある考え方&伝え方です。

図06

Date: Theme: 01/01 企画提案	なぜ、この企画をやりたいのか?	この企画の概要は?	どうやって実現していくのか?
P1?			

Date: Theme: 01/01 出張報告	出張目的は?	どんな出張内容だった?	今後の対応は?
P1?			

Date: Theme: 01/01 クレーム対応	クレームの内容は?	クレーム発生の原因は?	クレームへの対処はどうする?
P1?			

これから、そうした実例をさらに3つ共有していきます。

次章のPART1からはより広く、さらに深い話をしていきたいので、基礎的な資料作成にまつわる学びは、このPART0で一気に終わらせてしまいましょう。

というわけで次の項目のキーワードは、「伝える前が9割」であるのと同様、「**資料作成も、作る前が9割**」です。

Base 0-6

伝える前に、「伝わる資料」を用意する①

資料も「作る前」が9割：Word・Excel編

ここからは、「紙1枚」思考整理法を使った「資料作成法」について、3回に分けて紹介していこうと思います。

繰り返しになりますが、本書は資料作成本ではなく「伝え方」全般を広くカバーする本です。PART1から応用幅を一気に拡大していきますので、あまり資料作成ニーズがないという人は、わかりやすい具体例・ケーススタディのつもりでここから3つの項目を読むようにしてください。

これから先、資料作成に関してあなたが伝える前にやるべきことは、非常にシンプルです。「3の制約」を守って、今回も3STEPでまとめてみます。

・STEP1：「1枚」フレームワークを使って「思考整理」する
・STEP2：掲載例を参考に、資料化する
・STEP3：（不安であれば）印刷して確認・推敲・修正する

たとえば、社内で新規企画の提案をするとしましょう。

その際、伝える前にやるべき下準備をせずに臨んでしまうから、伝わらずに仕事が停滞してしまうのだと繰り返しお伝えしてきました。

そこで、まずは30分程度の時間を確保し、最初の10分前後を使って、図07のような「紙1枚」を作成しましょう。

これは、「会社の海外向け企業ウェブサイトのリニューアル企画」に関する思考整理で、私が実際にサラリーマン時代に担当していた業務の例です。

まずは紙を用意して手書きで、もしくはデジタル版を活用してパソコン上で、あなたがやりたい企画で同じことをやってみてください。

なお、もし「どんな企画をやりたいのか？」自体について考えたい場合は、次ページの

図07

Date 01/01 Theme: 海外向けホームページのリニューアル企画	なぜこの企画をやる必要がある？	リニューアル内容のポイントは？	どうやって実現？
P1?	現状は場当たり的に運営	ホームページの運営目的を明確化	期限は来年3月末までに公開
P2?	英語版の位置づけが不明瞭	目的達成に必要なコンテンツを取捨選択	3社コンペで発注先を決定
P3?	来期から海外展開を強化するという全社方針	必要に応じ新規コンテンツを作成・追加	予算は2パターンで想定

図08のような**「紙1枚」を追加で作成することで、アイデア出しにも活用**できます。**シンプルなのに応用幅は無限大。**これが、この手法の魅力の1つです。

伝える「前」に、資料作成「前」に、まずは思考整理してみる。その際、もし頭の中だけで思考整理できない時は、思考整理する「前」に書き出してみる。

本を読みつつ、また実際に使いつつ、自身のアタマとココロとカラダにこの「前・前・前」のリズムを、習慣として馴染ませていってください。

さて、一通り思考整理ができたら、これ

図08

Date 11/11 Theme: どんな企画をやりたいのか?	○○○○○	○○○○○	○○○○○
○○○○○	○○○○○	○○○○○	○○○○○
○○○○○	○○○○○	○○○○○	○○○○○
○○○○○	○○○○○	○○○○○	○○○○○

を「紙1枚」の資料にまとめていきましょう。結論としては、図09のような枠組みを作成し、そこに思考整理してまとめた言葉を記入していけばOKです。

図版内にも記載してある通りですが、補足として1点だけ。図09にある「Q」は「Question」の意味です。「Q1?＝Why」「Q2?＝What」「Q3?＝How」というように、図07で作成した緑ペンの質問文にそれぞれ対応しています。

このように、事前に思考整理しておけば、資料の全体としての構成も、左半分の要点も、資料作成を始めた時点ですでに完了していることになります。後は、必要に応じて右半分の詳細欄を記入し、プリント

図09

〇〇部長殿、ホームページ関係部署各位

20XX年〇〇月〇〇日
Web推進フループ

ホームページの英語版リニューアル実現に向けて

1. リニューアル目的

Q1?に対応

要点	詳細
① 現状は場当たり的に運営	• 現状の英語版ホームページ（HP）は、日本語ページの運営の片手間で行われている • 予算が余っている時、部分的に英訳している状況
② 英語版の立ち位置が不明瞭なまま	•「どこの企業も、英語版のページくらいもっていて当然」という程度の出発点のまま、現在に至る →戦略的意図が見えず、HPの位置付けが曖昧
③ 来年から海外展開を強化という全社方針	• 今後は、海外展開を積極化する方針が決定（xx年8月） →方針に沿う形で、英語版HPの早急な見直しが必要

2. リニューアル内容

Q2?に対応

要点	詳細
1）HP運営目的の明確化	• 今回の海外展開の強化は、法人領域に限定した話 • 国内市場のようにBtoC市場をメインとする必要はない →英語版HPは法人向けのHPとして抜本リニューアル！
2）コンテンツの絞り込み	• ホームページの対象が日本語版とは大きく異なるため、法人向けに必要なコンテンツのみをピックアップし、後は削除 ※例：「会社概要」は残すが、「商品一覧」は削除、等
3）新規コンテンツの制作・追加 ※必要な場合に限り実施	• 法人向けに新コンテンツが必要な場合は、新規に制作を検討 ※現状のコンテンツ一覧は別添を参照 • 必要な場合に限り実施、予算を最小化

3. 今後の進め方

Q3?に対応

要点	詳細
a）期限：来年3月末までに公開	• 来年度のスタートとなるxx年4月以前にリニューアルを完了 • 新年度の社長プレゼン時に、このトピックを加えてもらう（法人営業担当への周知徹底も兼ねて）
b）3社コンペで制作会社を決定 ※品質とコストの両面で精査	• 過去に日本企業の海外版HPを多数制作した実績をもつ3社を選定し、コンペを実施 • 2カ月以内に発注先を決定（オリエンを早急に実施したい）
c）予算は2パターンを想定： • 新規コンテンツなし：200万円以内 • 新規コンテンツあり：300万円以内 ※日本語版は当時500万円で制作	• 新規コンテンツの要否についてはコンペでの各社提案も踏まえて判断したい • 年度内に完成できる範囲内で、発注金額を最終判断

青ペン記入部分に対応

アウトして推敲・加筆修正を繰り返していきましょう。

なお、2つ前の項目【Base0-4】でも軽く触れましたが、**私たちの脳は、デジタル上より紙上のほうがより効果的に働いてくれる**ことがわかっています。とはいえ、こういう時代なので、もう紙をひたすら推すことはしません。

一応ささやかな抵抗として、『デジタルで読む脳×紙の本で読む脳』（メアリアン・ウルフ著、大田直子訳、インターシフト）を参考文献として挙げておきます。興味のある方は読んでみてください。

とはいえ、参考文献を踏まえずとも、たとえばパソコン上で資料作成していた時には見つけられなかった誤字脱字や論理的な不整合に、印刷した資料を確認したらすぐに気がついた。そんな体験をしたことがある人は多いはずです。

だからこそ、STEP3として「印刷して確認する」を入れてあります。

誤字脱字やロジカルになっていないことを指摘されがちな人は、STEP3も基本動作としてぜひ取り入れていってください。

以上、こうした手順を踏んでいけば、30分程度の時間で十分に伝わりやすい「紙1枚」

資料を作成&高い再現性で量産することが可能です。

その際、さらなる時短として、**この「紙1枚」資料のフォーマットを巻末の「実践サポートコンテンツ」からダウンロードすることができます。**ゼロから作成する必要はありませんので、必要な人はフル活用してください。

ちなみに、ダウンロードできるフォーマットはExcelで作成されています。理由は、トヨタの「紙1枚」資料の特徴である「枠=フレーム」を活用するうえで、WordよりもExcelのほうが細かく調整できるからです。

とはいえ、Wordでも作れないわけではないので、Wordしか使っていないという人は、自分なりに作成してみてください。

さて、Excel、Wordとくれば、PowerPointというわけで、次なるキーワードは「**パワポで紙1枚は幻想**」です。

Base
0-7

伝える前に、「伝わる資料」を用意する②

資料も「作る前」が9割：PowerPoint編

【Base0-6】では、私がトヨタ時代に実際に作成していた「紙1枚」資料を、より汎用性の高いフォーマットにして紹介しました。ただ、現代のビジネス環境では、PowerPointで資料を作っている人も多いと思います。そこで、この項目では「PowerPointによる資料作成法」を紹介していきたいのですが……まず、手順レベルで新たに話すことはありません。

前の項目とまったく同じで大丈夫です。変わってくるのはSTEP2で、具体的には68ページに見開きで掲載してある図10のように資料化していきます。

なお、各スライドに記載してある情報は、前の例と同じものです。

これを一通り眺めてもらったうえで、PowerPointで資料化する際のポイントを読むようにしてください。

まず、一見して明らかなように、PowerPointを使った資料化に関しては「紙1枚」にはなりません。読者や受講者さんから時々、「PowerPoint資料を1枚にしたいです！」といったご相談をいただくのですが、「それは幻想です」と答えるようにしています。

そもそも、PowerPointのようなプレゼンテーションツールの本質は、**「ビジュアル・エイド」**です。これは文字通り「視覚的な補助」という意味で、**「伝えたい情報＝ポイント」に、「インパクトや説得力、ポジティブな感情等を喚起する＝パワー」を付与していく**といった捉え方をしてみてください。

そうすれば、メモ帳レベルの箇条書きスライドや、物凄く小さな文字で文章がびっしりと書かれたスライドは、あまり本質的ではないと理解できるはずです。

文字はできるだけ少なくし、写真のような視覚的な要素を積極的に使っていく。

これがPowerPointによるスライド作成の本質である以上、【Base0-6】で扱った「紙1枚」資料の情報すべてを、「PowerPointスライド1枚」に収めようとするのは、根本的にズレた行為なのです。では、どうすれば良いのか。私が皆さんに提案しているのは、次ページ見開きの図10の通り、全部で16枚のスライドで作成していくスタイルです。

① HP運営目的の明確化：

- 今回の海外展開の強化は、法人領域限定
- 国内のようにBtoC市場を対象にする必要はない
- 英語版は法人向けのHPとして抜本リニューアル！

② コンテンツの絞り込み：

- ホームページの対象が日本語版とは大きく異なるため、法人向けに必要なコンテンツのみをピックアップし、後は削除
- 例：「会社概要」は残すが、「商品一覧」は削除

③ 新規コンテンツの制作：

- 法人向けに新たなコンテンツが必要な場合は、新規に制作を検討
- 「現状のコンテンツ一覧」は別添を参照
- 必要な場合に限り実施し、予算を最小化

本資料の構成

1. リニューアル目的
2. リニューアル内容
3. 今後の進め方

12/16

3. 今後の進め方：ポイントは3つ

① 期限： 来年3月末までに公開

② 発注先は3社コンペで決定

③ 予算は2パターンを想定：

① 期限： 来年3月末までに公開

- 来年度スタートとなるxx年4月以前にリニューアルを完了
- 新年度の社長プレゼン時に、このトピックを加えてもらう（法人営業担当への周知徹底も兼ねて）

② 3社コンペで制作会社を決定 ：

- 過去に日本企業の海外版HPを多数制作した実績を持つ3社を選定し、コンペを実施
- 「2か月以内」に発注先を決定（オリエンを早急に実施したい）
- 判断基準： 品質とコストの両面で精査

③ 予算は2パターンを想定：

- 新規コンテンツなし： 200万以内
  新規コンテンツあり： 300万以内で想定
  ※ 日本語版は当時500万で制作
- 新規コンテンツの要否についてはコンペでの各社提案を踏まえて判断したい
- 年度内に完成できる範囲内で金額を最終判断

図10

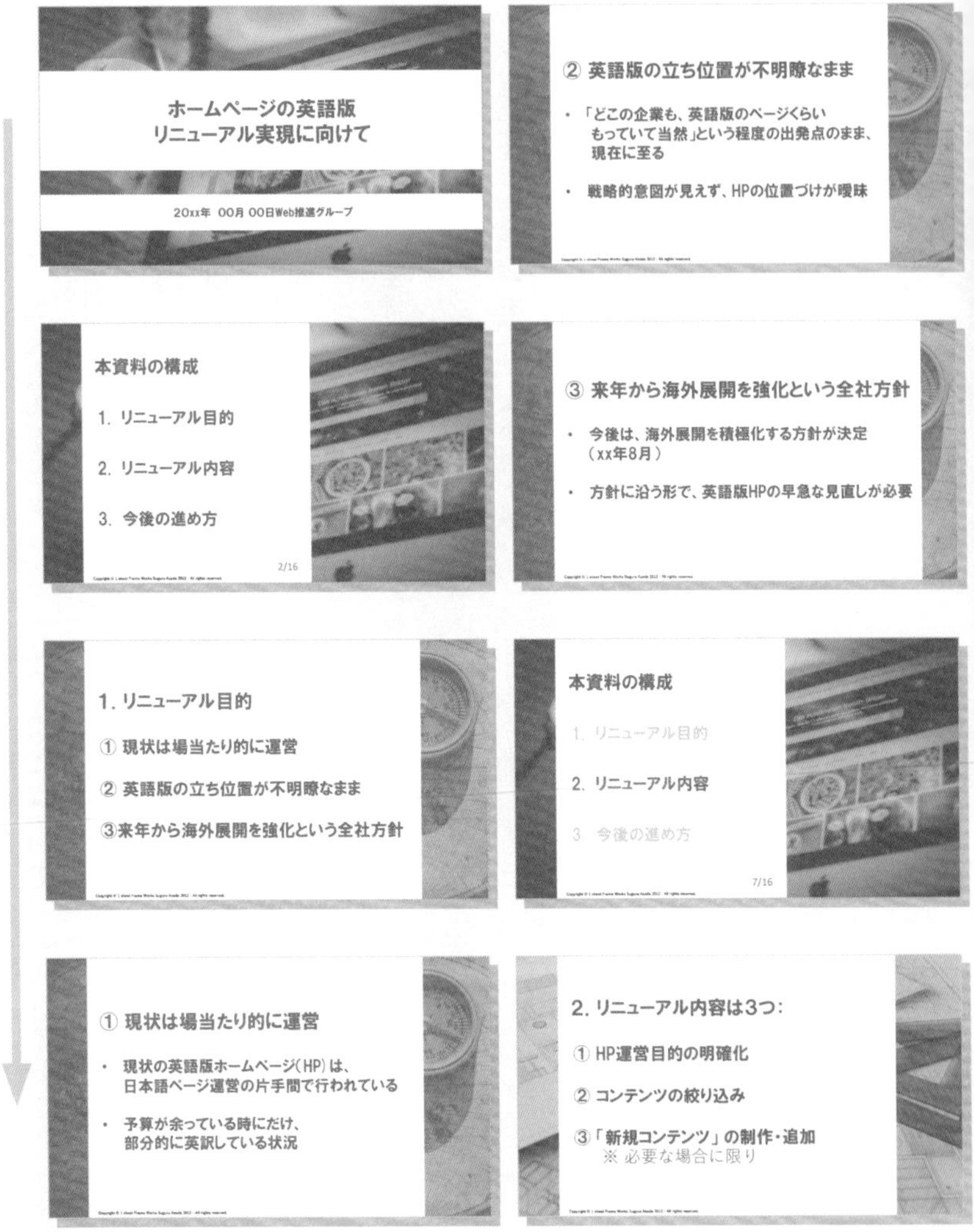
ホームページの英語版
リニューアル実現に向けて
20xx年 00月 00日Web推進グループ
本資料の構成
1. リニューアル目的
2. リニューアル内容
3. 今後の進め方
2/16
1. リニューアル目的
① 現状は場当たり的に運営
② 英語版の立ち位置が不明瞭なまま
③来年から海外展開を強化という全社方針
① 現状は場当たり的に運営
・ 現状の英語版ホームページ(HP)は、日本語ページ運営の片手間で行われている
・ 予算が余っている時にだけ、部分的に英訳している状況
② 英語版の立ち位置が不明瞭なまま
・ 「どこの企業も、英語版のページくらいもっていて当然」という程度の出発点のまま、現在に至る
・ 戦略的意図が見えず、HPの位置づけが曖昧
③ 来年から海外展開を強化という全社方針
・ 今後は、海外展開を積極化する方針が決定（xx年8月）
・ 方針に沿う形で、英語版HPの早急な見直しが必要
本資料の構成
1. リニューアル目的
2. リニューアル内容
3. 今後の進め方
7/16
2. リニューアル内容は3つ:
① HP運営目的の明確化
② コンテンツの絞り込み
③「新規コンテンツ」の制作・追加
※ 必要な場合に限り

なぜこんなに枚数が増えるのかというと、**「話の構成について示すスライド」**を何度も入れてあるからです。前の項目の「紙1枚」資料の利点は、**報連相の際、伝える内容の全体像を一覧にして見せることができる点**にあります。

一番初めの**【Base0-1】**でやってもらった道案内ワークにおける「地図」としての機能を、「1枚」「フレーム」「テーマ」の3要素で実現しているわけです。

一方、PowerPointスライドの場合、報連相の際に**各スライドが次々と流れていってしまうため、聞き手が全体の流れや位置づけを見失ってしまうリスク**が高くなります。「3回目の道案内」スタイルを体現していくうえで、PowerPointスライドによるコミュニケーションは必ずしも最適解ではないのです。

特に大組織で仕事をしていると、全員が時間通りに会議に参加し、最初から最後まであなたの説明を聞いてくれるわけではありません。

途中で参加してきた人でも、**「紙1枚」資料であれば、それを見るだけで話の全体像を把握したり、説明の現在地をキャッチアップしたりすることが可能**です。

一方、PowerPointスライドだとこれが極めて困難になります。途中から会議に参加せざるを得ないような人たちを迷子にしてしまう冷たい伝え方。それが、PowerPointによるコミュニケーションなのです。

この問題を少しでもカイゼンするための温かい動作として、随所に「話の構成について示すスライド」を挿入しておく必要があります。

「全体構成はこの3つです」「これから2つ目の説明に入ります」といったことを丁寧に確認し、聞き手が迷子にならないようにサポートしていくのです。

ただ、こう書くと「確かにハートフルかもしれないが、そんな配慮は正直めんどくさい」「そんなに枚数が必要なら、1つ前の項目で学んだ1枚資料のほうが良いな」と感じる人も多いのではないかと思います。

まったくその通りで、資料作成時間としても説明時間としても、圧倒的に「紙1枚」資料のほうが効率的です。だからこそ、私は基本的に【Base0-6】の「紙1枚」資料を推奨しています。今回のPowerPointの例は、**ビジュアル・エイドの性質を駆使して相手の感情を動かすプレゼンテーションをしたい時に活用する。**

こうした使い分けが現実的だと思うのですが、いかがでしょうか。

ただし。ここで説明を終えて良かったのは、2010年代まででした。

2020年以降テレワークが急激に一般化するなかで、「紙1枚」資料ではなくPowerPoint資料へのニーズが一段と高まりました。

理由は、オンライン会議で画面共有する際は、パソコンのディスプレイと同じ16：9のヨコ型スライドのほうが画面にフィットするからです。

そこで、こうしたニーズに応えるべく、もう1項目追加します。資料作成関連のケーススタディ、最後のカギは「**スクロールをコントロールする**」です。

Base 0-8

伝える前に、「伝わる資料」を用意する③

資料も「作る前」が9割：テレワーク編

前の項目【Base0-7】で明記した通り、本書のオススメは思考整理だけでなく資料作成も「紙1枚」で行ってしまうスタイルです。

一方で、テレワークが一般化し、PowerPointのみで資料を作る人が増えている状況を踏まえた時、いったいどんな資料がより現実的になってくるのか。

結局のところ、もうこれだけで良いのではないでしょうか。

「紙1枚」思考整理法を「デジタル版」で作成し、それを「画面共有」する

要するに、図11のような「1枚」フレームワークのデジタル版を、そのまま画面共有し

図11

Date Theme 11/11 会議の議事録	会議の目的は？(Why?)	何が決まった？(What?)	今度の対応は？(How?)
	残業削減要請の情報共有	強制退社を実施	来週から20時消灯をスタート
	残業削減案の議論	早帰りDayを設定	水曜を定時退社にしてトライアル
	実施案の策定	一部業務の改廃を検討	各業務の所要時間をリスト化

て相手に**「見せて」伝える**＝報連相していきましょうという提案です。

テレワークのみを想定するのであれば、従来の紙による資料は、大半の報連相においてもはや不要になってきている。もう、その役目を終えつつある。

21世紀も20年以上経ちましたので、そろそろそのように認識をアップデートする時期に来ていると私は思います。

実際、自宅のプリンターで資料をいちいち印刷するのは面倒ですし、「インク代を経費で落とせないので極力プリントアウトしたくない」といった切実（?）な現場の声も多数耳にしてきました。

実態として資料を作るニーズ自体が減ってきているのであれば、**資料のもととなっている思考整理の内容を、もうそのままシンプルにただ「見せるだけ」で良い**のではないでしょうか。

もちろん、本書を読んでいない人が聞き手の場合、最初は戸惑うと思います。ですが、「この本に書いてあったまとめ方がとてもわかりやすかったので」といって本書を見せ、すかさず「ちょっと変わった見た目ですが、すぐに理解できて便利なので、これで説明させてください」と続ければ、スムーズにこの「紙1枚」スライドを日々のコミュニケーションに導入できるはずです。

このスタイルであれば、スライドを16枚も用意する必要はありません。それでいて、全体の流れや構成も一目で理解できる。まさに、「3回目の道案内」スタイルを体現できる伝え方なのです。

一方で、「紙1枚」スライドを職場で導入しようとした読者や受講者さんの一部から、「使い始めるのに勇気が要ります」「ちょっと自信がないです」「上司に鼻であしらわれそうで怖いです」といった声ももらったことがあります。

もし、あなたも同じような懸念を抱いているのだとしたら……。

もう1つ、別のコミュニケーションスタイルを試してみてください。


「紙1枚」思考整理の内容を「メール文面」にして画面共有する。


具体的には、図12のような文章を、メーラー上で作成すればOKです。

こういった文章を事前にメールで作成し、相手に送ってしまいましょう。

その際、必ずしも事前に読んでもらう必要はありません。

時間がなければ、相手に送ることすらしなくても大丈夫です。

どういうことかというと、打ち合わせの際、この文面を画面共有し、あたかも資料であるかのように、一通り説明してみてください。すると、何が起こるのか。

これは実際に上司とのコミュニケーションで実践してくれた人が体感したビフォーアフターなのですが、A4サイズの「紙1枚」資料や先ほどの「紙1枚」スライドを画面共有すると違和感を口にしていた上司が、メール文面で同じ情報を見せるとあっさり受け入れてくれるようになったというのです。

図12

件名：【報告】BCP説明会を受けて

〇〇課長

お疲れ様です。〇〇です。

本日午前、BCPに関する説明会に出席してきました。
以下に概要をまとめましたので、ご確認ください。

1. そもそもBCPとは？ ← Q1 : What?
- 事業継続計画（Business Continuity Plan）の略
- 緊急事態が発生した際、損害を最小限に抑え、
  事業継続と迅速な復旧を実現するための計画
- 大企業では策定済みも多いが中小企業では未整備多数

2. なぜBCPが必要？ ← Q2 : Why?
- 新型防災や震災等のリスクが極めて高い時代
- 有事が発生してからでは対応が間に合わない
- お客様や株主、取引先からの評価基準になりつつある

3. 今後、自社のBCPをどうやって策定？ ← Q3 : How?
- 当社にはまったく知見がない
  →BCP策定支援サービス企業に相談
- 同じ事業規模の会社にヒアリングを実施
  →今後、A社、B社、C社を訪問予定
- 5月の経営会議に課題として提出し、それまでに部として案を確定

上記を踏まえ、今後の進め方について一度相談する時間をください。
よろしくお願いいたします。

………………………………………………………………
〇〇　〇〇（〇〇〇　〇〇〇）<〇〇〇〇@〇〇〇〇.co.jp>
………………………………………………………………
株式会社　〇〇〇〇　第1営業部
〒162-0845　東京都新宿区市谷本村町〇ー〇　〇〇スクウェア〇階
（TEL）03-0000-0000　（FAX）03-0000-0000
（WEB）https://www.〇〇〇〇.co.jp/
………………………………………………………………

おそらく、メールの文面はスクロールして読むのが当たり前だからなのだと思いますが、**まったく同じ説明内容なのに、伝え方の方式・スタイル・媒体等を変えるだけで、相手の受け止め方が変わってしまう。**そういったことが、現実のコミュニケーションではいくらでも起こりうるのです。

こうした現場での実践例も踏まえたうえで、この方法を提案しています。

もし、デジタル版の「紙1枚」スライドによる報連相にハードルの高さを感じるのであれば、「メール文面方式」をぜひ試してみてください。

この方法なら、「紙1枚」資料やPowerPointスライドを16枚作るより手間を省けますし、「紙1枚」スライドのような目新しいスタイルを導入するわけでもないので、比較的カンタンにトライできると思います。

以上、かなり現実的できめ細かいケアもさせてもらったところで、「資料も伝える前が&作る前が9割」は完了とさせてください。

そして、いよいよ次の項目で「ベース」編全体も完結です。

ラスト・キーワードは「**伝える相手がいるか？ そんなの関係ないね**」です。

Base
0-9

伝える前に、「NOT自己完結」で考える

新入社員時代、とりわけ配属当初は会議が本当に苦手でした。

当時の自分には「日本語が話されている」という点以外は何も理解できないほど、上司たちの会話内容についていけなかったからです。

いったいどう理解し、どう相手に伝えているのか。上司たちの頭の中はどうなっていて、どうすれば自分にも同じことができるのか。そうやって「Ｈｏｗ＝スキルレベル」のことばかり考えていた私に、転機となる体験が起きました。

ある時、部長が「おーい○○、ちょっといいか？」と言って、私の上司に声を掛けました。上司は「はい！」と言って自席を立ち、部長がいる打ち合わせテーブルへと向かいました。部長の手元にはこれまでの項目で学んできた通り「紙１枚」資料があり、それを見

ながら「この件がどうなってるか教えて」と質問。資料を数秒覗き込んだ後、上司は次のように説明を始めました。

「あー、この件ですね。先週の会議を踏まえて、今後の方向性を3案に絞っているところです。案①のポイントは○○で、案②は△△。最後の案③は□□を重視した方向性です。明日までに担当案をまとめて、遅くとも金曜には部長のお時間をいただいて相談できると思います」

1分にも満たない簡潔明瞭な説明を受け、部長は「わかった！ ありがとう」とヒトコト。せわしなく席を立ち、あっという間に別の階に移動していってしまいました。気づけば上司も席に戻っていて、何事もなかったかのように仕事を再開していたのです。

打ち合わせに同席していた私は、何か魔法でも見せられたような心境になってしまいました。どうしてそんなに驚いたのかというと、**上司がいきなり部長に呼び出されたにもかかわらず、瞬時にその意図を理解し、当意即妙な受け答えをしたから……**では、ありません。もちろん、それも当時の自分には到底マネのできない絶技だったのですが、それ以上に驚愕したのが、次の前提です。

部長が質問した案件は、そもそも上司の担当業務「ではない」。

にもかかわらず、あたかも自分が担当者であるかのように答えてしまったことが最大の衝撃だったのです。

あなたは、自身の担当業務ではない仕事について人から「どうなってるの?」と聞かれた時、うまく説明できるでしょうか。しかも、何の脈絡もなくいきなり呼び出され事前準備が一切できない状況で、です。

おそらく、「そんなの無理です」とお手上げ状態になってしまうのではないかと思います。当時の私も、同じ感想でした。

本当にマジックでも見せられているような感覚だったのですが、さらに言うとこのエピソード、実はこの1回限りの話ではありません。

何度も、何十回も、日常的に目の当たりにする景色だったのです。

この再現性のヒミツは、いったいどこにあるのか。

私はある応答の後、自席に戻った上司に質問してみることにしました。

「どうして毎回毎回、いきなり呼び出されても涼しい顔でそんなに見事な受け答えができてしまうんですか。しかも、僕たちの担当業務じゃない質問でも平気とか凄過ぎますよ。何をやったらそんなことが可能になるんですか？」

上司の答えは、次のようなものでした。

「あのな浅田、俺はいつも、**後で人に聞かれたら説明できるように理解してるんだよ。**誰かの資料を読んだり、打ち合わせで色々な部署の色々な業務の話を聞いたりする時も、全部同じ。だから、いきなり呼ばれて何を聞かれても全然構わない。普段からやっていることを、ただ話しているだけなんだから」

この時の上司との会話は、私のキャリアや人生を決める決定的な学びの機会だったと年々強く感じています。

当時の私は「スキル」レベルで答えを求めていたのですが、上司の答えはどちらかというと「マインド」レベル。「伝える力」を磨いていく人であれば全員がもっておくべき「伝える前に必須の心の構え」を、このやりとりを通じて学び取らせてもらいました。

この話をより端的に言い換えるのであれば、要するに**「NOT自己完結」**。

何かを読んだり、人の話を聞いたりして理解する。あるいは考える。

そのすべての場面で、「自分を超えた他者の視点」が必要だということです。

最大のポイントは、具体的な人物を設定するわけではないという点にあります。

後で人に伝える機会があるかどうかに「関係なく」、日頃からあらゆる思考整理を「人に伝えることができる」前提でやっていく。

こうしたマインドセットが、あなたにはあるでしょうか。

当時の私には**「自分が」理解できるかどうかの判断基準しかなく、「後で誰かに説明できるレベルで理解する」なんて考えたことがありませんでした。**


以上、このエピソードを踏まえてPART0「ベース」編を振り返ってみましょう。


なぜ、「3回目の道案内」スタイルで伝えることが基本なのか。

なぜ、何かしら「見せられるもの」を用意する必要があるのか。

なぜ、「1枚」「フレーム」「テーマ」で資料化していくのか。

なぜ、「Ｗｈａｔ」「Ｗｈｙ」「Ｈｏｗ」３つの疑問を解消することが重要なのか。
なぜ、テレワークでは「画面共有」機能を使い倒していきたいのか、等々。

これらすべての「Ｗｈｙ」の根本にあるのは、「自分だけでなく伝える相手のために」という視点です。当時「できるだけ話さないですませたい」という本音を抱えていた私は、「自分のため」に「紙１枚」を極めていきたいと思っていました。

ところが、上司との関わりを通じて、「できるだけ話さないですませたい」と感じているからこそ、自分ではなく「相手のため」にも、「最小限の説明だけで理解してもらうため」にも、伝える前の事前準備を日々行っていけば良いのだと気づくことができたのです。

「自分のため」という本音が、そのまま「人のため＝他者貢献」にもなる。

当時は目からウロコが何枚も落ちましたし、**「自分の本音＝あまり話したくない」と「他者貢献＝相手の時間を奪わないために端的に、効率的に理解してもらう」が「紙１枚」で両立できる**と深く認識できたことで、私はトコトンこの手法を極めようと決心することができました。

その成果が、このPART0「ベース」編で学んできてもらった内容です。

ここまで、どんな学びを得てもらえたでしょうか。

なぜ、その学びが特に重要だと感じたのでしょうか。

「ベース」編の学びを、これからどう役立てていきましょうか。

実際にそういう場面があるかどうかは、関係ありません。「人に伝えるつもりで」、このPART0の学びを伝える前にまとめてみましょう。

図13のような「紙1枚」を作成すればOKです。これで、「What」「Why」「How」3つの疑問を解消しつつ、「紙1枚」で「見せて」伝えることが可能な状態になります。

これを、歯磨きレベルの基本動作として、どうか身につけていってください。

一生ものの財産になるはずです。

以上でPART0「ベース」編を終わりにしたいと思います。

図13

Date. Theme 11/11 Base編の学びを伝えるつもりで	何を学んだ？	なぜ学びと感じた？	今後にどう活かす？
P1？	○○○○○	○○○○○	○○○○○
P2？	○○○○○	○○○○○	○○○○○
P3？	○○○○○	○○○○○	○○○○○

「できるだけ話さないでも伝わる伝え方」を身につけるために必要なベース＝基礎・基本は、これで十分に構築できました。

続くＰＡＲＴ１からは、より幅広く、より深い本質を多数紹介しながら、私たちが「伝える前にやるべきこと」をさらに学んでいきたいと思います。

最初のキーワードは「**アリストテレスの“3つのス”**」です。お楽しみに。

伝える前に、「資料作成」を極めたい方へ

PART0は「ベース」編と題して、過去の9冊の拙著の中から、コミュニケーションに関わる部分をダイジェスト&アップデートしてまとめていきました。

あくまでもハイライトなのであまり深入りはせず、PART1以降の内容を理解したり実践したりするうえで必要不可欠な内容に絞って書いてあります。

とりわけ、資料作成法に関してはもう役目を終えつつあるという認識なので、さらに内容を絞り込んでしまいました。

とはいえ、今はまだ過渡期です。「まだまだ毎日ガンガン資料を作っています」という読者さんも当然いると思います。そうした方は6冊目の拙著**『説明0秒！ 一発OK！ 驚異の「紙1枚！」プレゼン』**(日本実業出版社)も読んでみてください。資料作成に関しての決定版書籍となっています。あるいは、トヨタの「紙1枚」への認識をさらに深めたい場合は、8冊目の**『トヨタで学んだ「紙1枚！」で考え抜く技術』**もぜひ。

一方で、ここからは過去の著作を読んでくださっている読者さんへのメッセージです。も

しあなたが、PARTOを読んで「今までの本と同じ内容ばかりだな」という感想だったとしたら……。まったくそんなことはありませんので、再読してください。

冒頭に書いた通り、PARTOは過去の拙著のハイライトであるのと同時に、時代や環境の変化を踏まえたアップデートでもあります。

これは7冊目の**『早く読めて、忘れない、思考力が深まる「紙1枚!」読書法』**（SBクリエイティブ）に書いたことですが、私たちは読書の際、よほど意図的・意識的にならないとファスト=安直に本を読んでしまいがちです。

特に同じ著者の別の本を読む時は「同じようなことが書いてあるはず」という前提で触れるため、**実際には著者が考え抜いて最新の言葉・表現・話の流れで文章を紡いでいる**のに、大雑把にしか理解できなくなってしまうのです。

どうか安易に「わかったつもり」にはならず、「新たな学びを最低でも3つ以上は得るぞ」という構えで、もう一度読み直してみてください。

瑞々しい、新鮮な読書体験を取り戻す良いきっかけとなれば嬉しいです。

PART 1 Logos

伝える前が9割
「理解＝ロゴス」編
これで「わかりやすく」伝わる

Logos 1-1

伝える前に、「3つのアプローチ」で考える

ここからは前のPARTを文字通りベースにしつつ、伝える前に私たちがやるべきことを、3つのアプローチに分けてさらに学んでいきたいと思います。

さっそくですが、3つのアプローチとは、相手の**「思考・理解」「感情・共感」「意志・信頼感」**につながるように伝えていくことです。

これを別の言葉で言い換えれば、**「ロゴス」「パトス」「エトス」**。

私がこのような本質を学び取ったルーツは、**「アリストテレス」**です。

古代ギリシャを代表する哲学者であるアリストテレスと、本書のテーマである「伝える前」にいったいどんな関係があるのか。

主著の1つ『弁論術』（戸塚七郎訳、岩波文庫）から、有名な一節を引用してみます。

弁論家は、⑴言論に注目して、それが証明を与え、納得のゆくものとなるように配慮するだけでなく、⑵自分自身を或る人柄の人物と見えるように、そして同時に、⑶判定者にも或る種の感情を抱かせるように仕上げをしなければならない。

この本は、「できるだけ話さないですませたい」人に向けた本なので、弁論家になりたい人も、弁論家に憧れているような人も少ないと思います。

それでも、私はこの3つを「伝える前」に大切にするようになったことで、自身のコミュニケーションを劇的にカイゼンすることができました。

今となっては、「昔からコミュニケーションは苦手で……」と言っても誰も信じてくれないレベルにまでなれた最大のヒミツが、この3つの本質なのです。

「はじめに」で引用したエーリッヒ・フロムが約70年前なのに対し、アリストテレスは2000年以上前。それだけ普遍性の高い叡智・極意だということです。

呼吸レベルで使い倒す伝え方の柱として、これから学んでいきましょう。

さて、先ほどの引用文についてカンタンに解説しておくと、まず**「⑴言論・証明・納得」**と書かれている部分が、**「ロゴス＝思考・理解」**に対応します。

以下、**「⑶或る種の感情」が「パトス＝感情・共感」、「⑵或る人柄の人物と見える」が「エトス＝意志・信頼感」**を指すのだと理解してください。

このうち、特に「エトス＝意志・信頼感」については様々な解釈が存在します。

実際、本書で提案する「意志・信頼感」という定義の仕方は、コミュニケーションに特化したかなり独特な解釈です。

また、「意志・信頼感」という言葉の意味は、順番をひっくり返したほうが理解しやすくなります。すなわち、**「どうやって聞き手に信頼してもらうか」あるいは、「信頼するあなたがそう言うならやってみます」**という具合に、信頼がベースにあるからこそ**「意志＝相手があなたの言葉に応じて動いてくれる」**わけです。

ＰＡＲＴ３なのでだいぶ先のページにはなるのですが、このような意味合いで「エトス」アプローチについても学んでいきます。

それと、なぜ２つ目の「パトス」と３つ目の「エトス」の順番を入れ替えているのかというと、私は次のようなイメージでこの３つの本質を整理しているからです。

図の通り、**「ロゴス＝思考・理解」**が**「アタマ」**、**「パトス＝感情・共感」**が**「ココロ」**、**「エトス＝意志・信頼感」**が**「ハラ・カラダ」**に対応しています。

つまり、こういうことです。

ひとくちに「伝える」といっても、それは相手の**「思考」**領域に働きかけて**「頭でわかってもらいたい」**だけなのか。

それとも、**「感情」**領域に訴えかけて、相手の**「心に響かせたい」**のか。

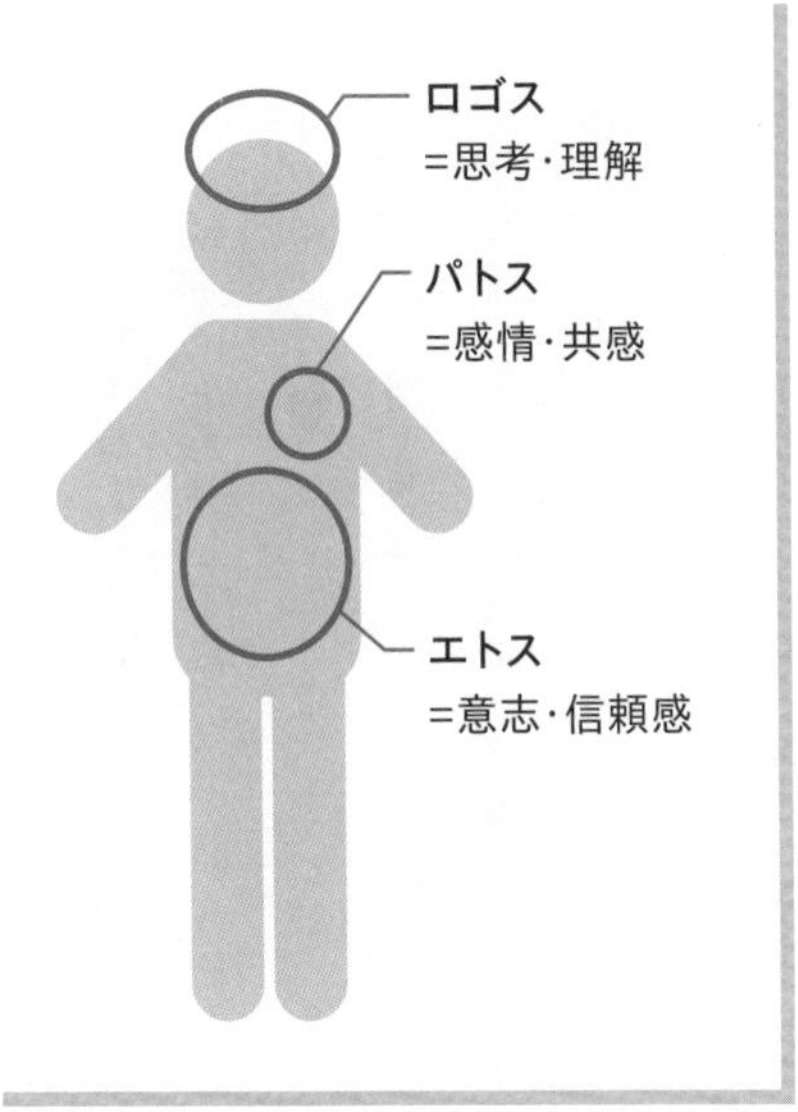

あるいは、自身の人柄や日々の立ち居振る舞いを通じて相手に**「信頼感」**を抱いてもらいたいのか。伝えた内容を相手の**「意志」**のレベルにまで**「ハラ落ち」**させることで、**「相手がカラダを動かして行動してくれるようにしたい」**のか。

このように、私たちは**伝える前に**

「わかってもらえばOKなのか？」「心にも届けたいのか？」「信頼してもらいたいのか、伝えた後に動いてほしいのか？」の3つの側面について、検討する必要があるのです。

この枠組みで捉え直してみると、PART0の「ベース」編で学んできたことは「ロゴス」アプローチがメインだということが、それこそ「わかる」と思います。

伝える前に「思考整理」し、「紙1枚」にまとめて「見せて」伝える。

これで間違いなく、以前より格段に「わかりやすく」伝えることはできます。

一方で、相手に何かを「感じ取ってほしい」時や、何かしらの「行動変容を促したい」場面では、ただ「わかってもらっただけ」では必ずしも目的を達成することができないケースも出てきます。

相手のココロにも響かせ、信頼を得てハラ落ちさせ、今後のアクションへとつなげていってもらわなければならない。特に仕事においては、このような伝え方が必要な場面も、多々あるのではないでしょうか。

そこで、ここからの**PART1は「ロゴス」編**と題して、まずは「思考・理解」に効く本質や伝え方の技術をお届けしていきます。

以下、**PART2は「パトス」編、PART3を「エトス」編**と位置づけて解説していきますので、**本書を読めば3つすべてをカバーできる**とご理解ください。

ただし、最後に1つだけ、この段階で明記しておきたいことがあります。

これから始まる「ロゴス＝思考・理解」アプローチは、すぐに実践できて、短期的に効果を実感しやすいものが大半です。

一方、「心に響くかどうか」は、相手に情熱的に伝えたり、体験談を物語ったり、手を替え品を替え様々な方法で働きかけていったりする必要があるため、「わかるか」よりもどうしても時間がかかってしまいます。

最後の「信頼感」の獲得に至っては、日々の人間関係や長年積み上げてきた実績等を通じて、コツコツ時間をかけることでしか醸成できません。

もちろん、ビジネス書である以上できるだけ即効性のある話に絞って紹介したいとは思っていますが、「パトス」編と「エトス」編については時間をかけて取り組む必要も出てくる。この点について、あらかじめ知っておいてください。

以上、「ロゴス＝短期」「パトス＝中期」「エトス＝長期」という時間軸での大きな違いがあることも踏まえつつ、まずは比較的即効性の高い「ロゴス＝思考・理解」アプローチから解説を始めていきたいと思います。

最初のキーワードは、「**そもそも〝わかる〟とは何か**」です。

Logos 1-2

伝える前に、「わかるとは何か」をわかってみる

「ロゴス=思考・理解」アプローチでは、いかにして相手に「わかった」となってもらうかについて、伝える前に思考整理をしていきます。ただ、その前に。

どうしてもクリアしておかなければならない、根本的な疑問があります。

そもそも人は、**どういう時に「わかった」となるのでしょうか。**

さらに身も蓋もないことを言えば、**「わかる」とは何なのでしょうか。**

「急にそんなこと言われても……」という人が大半だとは思いますが、でも「わかるとは何か」がわかっていない状態では、わかりやすい伝え方について検討しようがない。そう言われれば、「確かにそうだな」ともなるはずです。

そこで、本書では類書のほぼすべてがスキップしているこの面倒で厄介な問いについて、真正面から向き合ってみたいと思います。

実際、私は10代の頃から、このことについてずっと考え続けてきました。

20年以上の思考整理を経て、自分なりにどんな答えを見出したのか。

その答えを、1行にまとめてここに明記します。


「わかる」とは、後で振り返ってみると「わかったつもり」に過ぎないもの。

もう少し短く言い換えれば、要するに**「わかるとは、キリがないもの」**というのが、現時点での集大成的な私の答えです。


たとえば、転職時に過去の資料を整理していた際、社会人になって4年目の頃に受けた研修レポートを見つけたことがあったのですが……。

見返していて恥ずかしくなってしまいました。

当時は、「これでもうこの業務については完璧にわかった!」という心境でいたのですが、今の自分から見れば話にならないくらい薄っぺらい認識だったからです。

あなたにも、同じような体験があるのではないでしょうか。

その当時の「わかりました！」は、ほとんどの場合、時を経ると「大してわかっていなかった……」へと変わってしまうのです。


あるいは、企業研修や講演登壇の際、時おり「私はこの程度のこと、もうすべて理解できています！」と豪語する方にお会いすることがあります。

ところが、私の学習機会はワークが主体となっているため、こういった人ほど、いざグループで説明してもらうとうまく話せなかったり、「やってみてください」と言うとまったくできなかったりするのです。そして、「すみません、やっぱり全然わかってませんでした……」となってしまう。

これも、大なり小なり心当たりがあるのではないでしょうか。


もう1つだけ、趣味の例も出しておきます。

私は読書が好きで、古典的名著と評されているような本についてもよく読むのですが、たとえば冒頭で挙げたフロムの『愛するということ』について、私は学生時代に読んだ時点でも「わかった」という感覚自体はそれなりにありました。

ですが、20代・30代それぞれの終わり頃に再読した際、当時の「わかった」は所詮「わかったつもり」に過ぎなかったのだと思い知る経験をしました。

加えて、私は２０１５年に『トヨタで学んだ「紙１枚！」にまとめる技術』（サンマーク出版）という本を出し、そこから10冊、ビジネス書の世界で御縁をいただいています。

２０２１年にこの本が文庫化された際、「久々に読んでみたら、当時は実に浅い理解しかできていなかったのだとわかり恥ずかしくなりました」といった感想を、複数の読者さんからもらいました。これも「わかったつもり」の一例です。

ちなみに、そのまますばり『わかったつもり』（西林克彦著、光文社）という本もありますので、さらに認識を深めたい方はぜひ読んでみてください。

このように、**「わかる」とは、後で振り返ってみるとまだまだ「わかっていなかった」となってしまうことの繰り返し**であり、だからこそどこまでいっても**「わかるには終わりがない」**のです。

このことについてそれこそわかってもらえると、「ロゴス＝思考・理解」アプローチを実践していくうえで重要な本質をつかみとることができます。

どれだけ時間をかけたとしても「100%わかった」は絶対にあり得ない。

そうである以上、私たちは伝える前に、次のことについて考える必要があるのではないでしょうか。

「わかる」のマネジメント。

これは要するに、**「相手にどのレベルでわかったとなってもらうのか」について、積極的にこちらから設定していこう、仕掛けていこう**という意味です。

特に仕事上のコミュニケーションの場合は時間も限られますので、効率性を追求するうえで必須の思考整理となります。

ところが、実際にはこうした観点がまったくなく、「とにかくすべて、モレなくダブリなく説明すれば、あるいは時間を尽くして懇切丁寧に伝えれば、相手はわかってくれる」と言って、膨大な資料を作ったり膨大な時間を浪費したりする人たちに数多く出会ってきました。

確かに、そうしたくなる気持ちはよくわかります。

ですが、本当にそのレベルの説明が必要なのでしょうか。

大切なことなので何度も繰り返しますが、時間は限られるはずです。

報連相やプレゼンをするうえで、聞き手にどのくらいわかってもらえれば取り急ぎOKなのか。こういったことについて、事前に考える習慣をつけてほしいのです。

そこで重要になってくるのが、冒頭に掲げたもう1つの問いになります。

人は、どういう時に「わかった」となるのか。

これも、20年以上の試行錯誤を経て私なりに見出してきた本質を、3つにまとめて皆さんに共有します。

①人は、「既知との照合」ができると「わかった」となる
②人は、「比べて見る」ことができると「わかった」となる
③人は、「3つの疑問を解消」できると「わかった」となる

伝える前にこの3つを意図的に準備できるようになれば、あなたがたとえ「できるだけ話さないですませたい」パーソナリティであったとしても、相手から「わかりやすい！」と言われるのが当たり前になります。

ここで項目を分けて、まずは「既知との照合」から学んでいきましょう。
理解のカギとなるキーワードは、「**未知との遭遇**」です。

Logos 1-3

伝える前に、「言い換え」を探してみる

人は、「既知との照合」ができると「わかった」という感覚が得られる。

これは、いったいどういう意味なのか。

たとえば、PART0【Base0-4】で思考整理の2つのプロセスについて解説した際、「カレーライス」のたとえ話をしました。覚えてくれているでしょうか。

確認すると、「①情報を整理する」が「カレー作りにおける材料集め」であり、「②考えをまとめる」は「カレーの調理」に該当するプロセスになります。

「1枚」フレームワークはそのための「レシピ」であり、この調理法=思考整理法に沿って実践すれば、「できるだけ話さないですませたい」本音を尊重しつつも、最小限の言葉で相手に伝わるコミュニケーションを量産できるようになる。

この解説の中で今回フォーカスをあてたいのは、「カレー」の部分です。

「1枚」フレームワークという新たなスキルについて初めて触れる人に、どうやって親近感を抱いてもらうか。あるいは、思考整理という抽象的な概念について、どう伝えれば「わかった」という感覚を見出してもらえるのか。

こうした課題をクリアするカギが、相手がすでに知っていること=既知の概念と接続しながら、未知の新たなメッセージを伝えていくことなのです。

これを私は、『未知との遭遇』という有名な映画になぞらえて、**「未知との遭遇は、既知との照合で理解してもらう」**とまとめて、自社で開講している社会人向けのスクールで受講者さんに学んでもらっています。

何より、このまとめ方自体が「既知との照合」の活用例です。

たとえ映画を観たことがなかったとしても、「未知との遭遇」という言葉に何となく聞き馴染みがある人は多いので、こうしたフレーズでまとめておいたほうが今回の話を覚えやすくなるのではないでしょうか。「覚えやすい」ということもまた、「わかりやすさ」の源泉の1つです。

相手の「既知」にアクセスしながら、伝えたいメッセージを伝える。

ぜひこれから使いこなしていってほしいのですが、具体的にどうすれば良いのか。

答えは、PART1からも引き続き「紙1枚」書くだけでOKです。

たとえば以前、主宰する学習コミュニティの受講者さん向けに、「ChatGPTをはじめとする生成AI」について解説する機会がありました。

前提として、これは2023年4月当時の話です。当時はまだ、こうした概念について何も知らない人のほうが大半という状況でした。

そこで私は、図14のような「紙1枚」を、伝える前に作成してみたのです。

PART0「ベース」編で学んだ「4×4」の枠組みを緑ペンで作成し、左上の第1フレームには「生成AIとは？」と書きました。その後、青ペンでキーワードを書き出し、相手の「既知」とつなげられそうな言葉を、赤ペンでピックアップしてまとめていったわけです。

なお、ここに書かれている情報も2023年4月当時のものなので、本書を読んだタイミングによってはもう古い部分もあると思います。あまり細かい情報は気にせず、「既知との照合」のやり方を学ぶ点にフォーカスしてください。

図14

Date Theme: 11/11 生成AIとは?	検索エンジン ではない	架空の話を でっちあげる	○○○○○
連想ゲーム みたいなもの	食べてるデータ は not最新	「知らんけど」と 呟いて活用	○○○○○
風が吹けば…	小学生? 中高生? 大学生?	○○○○○	○○○○○
本日は お忙しい中…	さも正しいか のように答える	○○○○○	○○○○○

伝える前にこうした「紙1枚」で思考整理を行った結果、私は受講者さんにどんな解説をしたのか。相手が既に知っていることに思いを巡らせた結果、私なりに見出した最大のキーワードは**「連想ゲーム」**でした。

参考までに、当時の説明を文字起こししておきます。

「生成AI」とは、とりあえず「連想ゲーム」なんだと捉えてみてください。

要するに、「風が吹けば」とくれば「桶屋が儲かる」となるし、「本日はお忙しい中」とくれば、大半の人は「お集まりいただき誠にありがとうございます」とつなげていくわけです。
こんな感じで、「こうくればこうなるだろう」という「連想ゲーム」を物凄い膨大な量と超スピードでやって、それっぽい答えを「生成」してしまう。
そういう「AI」なんだという理解で、入り口としては十分だと思います。

あるいはその後、生成AIの「精度」に関して、「去年までは小学生レベルでした」「今は高校生くらいです」「年内には大学生レベルも超えてしまうかもしれません」といった説明を加えていきました。これも、「学生」という既知の概念と照合してもらうことで、専門的な話には一切立ち入ることなく、異なる観点から「わかった」という感覚を得てもらっているわけです。

加えて、「では、どう付き合っていけば良いのか」についても、「まったくのデタラメをさも本当のことのように語ってくるので、とりあえず何を投げかけても、返ってきた応答に対して、語尾に〝**知らんけど**〟と自分で付け加える習慣をつけていきましょう」と解説しました。

これは、ここ数年「知らんけど」と最後につける仕草がSNSを中心に流行っていたので、そうした既知と接続してもらうことで、少しでも生成ＡＩへの親近感を高めてもらおう。「わかった」という感覚を抱いてもらおう。

そうした意図や配慮から、思いついたアイデアでした。

以上、ここまでの説明を通して、「既知との照合」というアプローチについて、無事に「わかった」となってくれたでしょうか。

最後に１つ、ぜひやってもらいたいワークがあります。

「業務説明」というテーマで「紙１枚」を書いてみてほしいのです。

ただし条件があって、その「紙１枚」を、「家族に説明するつもり」でまとめてみてほしいのです。

両親でも良いですし、もし小学生くらいのお子さんがいらっしゃる場合は、「その子に伝えるとしたら？」という前提でキーワード出しをやってみてください。

青ペンで書く言葉が、きっと変わってくるはずです。赤ペンでピックアップする時も、より相手目線で考えられるようになってくると思います。

良い体感機会になりますので、さっそくやってみてください。

さて、これでもう2つ目の「比べて見る」に入っても良さそうなのですが……。

あと2つ、「既知との照合」に関して大切な話がありますので、項目を追加させてください。

2つ目のキーワードは、「**こうすれば相手目線に立てる**」です。

Logos 1-4

伝える前に、「相手の既知」を把握する

前の項目の説明時に、『未知との遭遇』という映画について書きました。

スティーブン・スピルバーグ監督による世界的ヒットとなったSF作品なのですが……何せ1977年の作品です。私自身にとっても生まれる前の映画ですし、令和の今となっては「そんな映画知りません！」という読者さんも、きっとたくさんいると思います。

そういった人にとっては、「未知との遭遇は既知との照合で」と言われても、「変わった言い回しだな」くらいには思ってもらえるかもしれませんが、私がこめた意図の通りには受け取ってもらえない可能性も高くなるわけです。

何が言いたいのかというと、「既知との照合」をうまく使いこなすためには、次の力が必要になってきます。

自分の「引き出し力」と、相手の「把握力」。

「引き出し力」とは、様々な相手の既知にアクセスできるよう、自分自身の興味関心の幅を可能な限り拡げ、具体例やたとえ話の引き出しを生涯かけて増やし続けていこうという意味です。

とはいえ、これは生真面目にやるようなことではありません。好奇心の赴くままに、その都度楽しんでハマっていけばOKです。強いて言うなら、そうしたものに触れる際、「必要に応じて、伝える前の思考整理の際に活用しよう」というつもりで楽しんでください。

あるいは、これはPART0「ベース」編の最後の項目の復習なのですが、【Base0-9】で学んだことを覚えているでしょうか。

「NOT自己完結」。すなわち、いついかなる時も、「後で人に聞かれたら伝えられる前提で」という話です。もし可能であれば構いませんので、これから引き出しを増やしていく際、このことも併せて楽しんでいってください。

一方、相手の「把握力」については、また「紙1枚」書いてみましょう。

図15

Date Theme 11/11 ○○さんとは？	○○○○○	○○○○○	○○○○○
○○○○○	○○○○○	○○○○○	○○○○○
○○○○○	○○○○○	○○○○○	○○○○○
○○○○○	○○○○○	○○○○○	○○○○○

図15のようなイメージです。左上の「第1フレーム」には「○○さんとは？」と書かれています。ここには、あなたがよく伝える機会がある相手の名前を書いてください。上司や部下・後輩、あるいはパートナーやお子さんでも構いません。

その後、青ペンでその人の趣味や興味関心、好きなことやハマっている題材について書き出してみてほしいのです。

この「紙1枚」に関しては赤ペンプロセスはなしでも構わないのですが、最大のポイントは「そもそもどれくらい書けるか？」という点になります。

たくさん埋められるのであれば、それだ

け相手の「既知」を把握できていることになるので、「既知との照合」につながる伝え方もやりやすくなるはずです。

一方、もし青ペンプロセスでほとんど書き出せなかった場合は……。

今後の取り組みとして、まずは、この「紙1枚」に書けることを増やしていきましょう。相手の言動を日々観察し、相手の話の内容にも興味関心をもつことで、何か発見があるたびに追加で埋めていってほしいのです。

そういう意味では、これは数分間で1回書いておしまいにするのではなく、何日も、何カ月もかけて少しずつ埋めていってもらうタイプの「紙1枚」になります。

実際、お子さんの名前を書いてこの「紙1枚」をやってくれた人が以前いたのですが、半分くらいのフレームしか記入できず愕然としていました。

聞けばここ数年はめっきりキャリア優先で、学童・習い事・塾・シッター等を駆使して子育ての多くをアウトソーシングしていたそうです。本人はそのことを「時代に合わせてうまいことやれている」と思っていたそうですが、この「紙1枚」を通じて「目が醒めました、子供との関わりを見直します」とおっしゃっていました。

このように、人によっては人生レベルのインパクトになり得る思考整理の機会です。カンタンだからといって雑に扱わず、丁寧にやってほしいと思います。

加えてもう1つ、**「1枚」フレームワークは「他者にもっと関心をもちましょう」といった、ともすると精神論レベルのアドバイスについても、手を動かして行動に移せるレベルで活用できる。**そんな手法だということも、改めて感じ取ってもらえたら嬉しいです。

伝える前に、どれだけ「相手の既知」を把握できるか。

「既知との照合」の成否は、ここでほぼ決まってしまいます。

なので、まずは「この人とのコミュニケーションだけは何とかしたい」という人を一人選んで、実際にこの「紙1枚」を書いてみてください。そして、少しずつ青ペンで書けることを充実させていってください。良い転機となれば幸いです。

さて、あと1つだけ「既知との照合」に関する大切な話にお付き合いください。

3つ目のキーワードは、「**和・漢・洋を自由自在に行き来する**」です。

Logos 1-5 伝える前に、「言葉を行き来」させてみる

相手に「わかった」となってもらうためには、相手が「すでに知っていること」に絡めて伝えていけば良い。そのために必要な「言い換え力」や「引き出し力」「把握力」について、ここまで学んできました。

このうち、「言い換え力」について、私が昔からやっているトレーニングをこの項目でシェアしたいと思います。なお、この方法は『語彙力を鍛える』（石黒圭著、光文社）等を参考文献にしつつ、自分なりに構築したトレーニングです。

図16を見てください。

まず、この「紙1枚」は今までと見た目が少し変わっています。

これまでの「1枚」フレームワークは、すべて「4×4」で作成してきました。

一方、この「紙1枚」の場合は、さらに4本ヨコ線を引くことで「フレーム数32」のバー

図16

Date. 11/11 Theme: 言い換えトレーニング	和	漢	洋
		延期する	
	ざっくり		
		既定	
	下書き		
		要約	
		概要説明	
			ジャストアイデア

ジョンになっています。書き方の違いは、それだけです。引き続きシンプルな手法として、今後はこのタイプの「紙1枚」も使って思考整理していきます。

それと、先に明記した通り、この「紙1枚」はトレーニング要素が強いです。

即効性のある話ではありませんので、余力のある人はやってみてくださいという位置づけで紹介していきます。

さて、1行目の緑ペン部分を見てください。**「和」「漢」「洋」**と書かれています。

これはいったいどういう意味なのか。

たとえば、2行目のところに「延期する」と書かれています。「延期」という漢字で表記してあるので「漢」の欄に入っているわけです。

では、これを左側の「和」すなわち「ひらがな」的な表現に言い換えるとしたら、どうなるでしょうか。

あるいは、右側の「洋＝カタカナ」的な言葉だったらどうでしょうかという具合に、同じことを別の言い回しに変換するトレーニングをやってみてほしいのです。

「既知」とは、**「親近感」**でもあります。

まったく同じ意味の言葉でも、ひらがな・漢字・カタカナのどれをベースにした表現で言われるかによって、相手の受け止め方は変わってくるものです。

したがって、できるだけ聞き手にとって馴染みのある表現で伝えられるよう、伝える前に日頃からこうした言い換えトレーニングをやっておきたい。これが、この「紙1枚」を書く意図になります。

さて、先ほど例に挙げた「延期」の言い換え、無事に見出せたでしょうか。

「和」的な表現なら「先延《さきの》ばし」、「洋」なら「リスケ」です。

他の空欄についても、何が入るか一通り考えてみてください。

なお、この本には敢えて答えを書きません。「実践サポートコンテンツ」内で公開します。気になる人は巻末からアクセスしてみてください。

以上、これで「既知との照合」に関しての解説は完了にして、2つ目の「比べて見る」に軸足を移していきたいと思います。

最大のキーワードは、「**ただ見せるんじゃない、比べるんだ**」です。

Logos 1-6

伝える前に、「見比べて」考える

PART0の【Base0-5】で、「What」「Why」「How」の3つの疑問を解消する思考整理&コミュニケーション法について紹介しました。

これを図示すると、次のようにまとめることができます。なぜ、**「よりロジカルに伝えられるようになります」**という言い方で紹介したのかというと、図17のようにピラミッド構造による報連相やプレゼンが可能になるからです。

といっても、この項目の主役はピラミッド・ストラクチャーではありません。

取り上げたいのは、私が今まさにやった説明のスタイルの方です。

こうやって「視覚的に図示」したことで、PART0の時の説明よりもさらに「わかった」という感覚が高まったのではないでしょうか。このように、「ロゴス=思考・理解」に有効な伝え方の1つとして、**「視覚化=見える化」**があります。といっても、これもP

図17

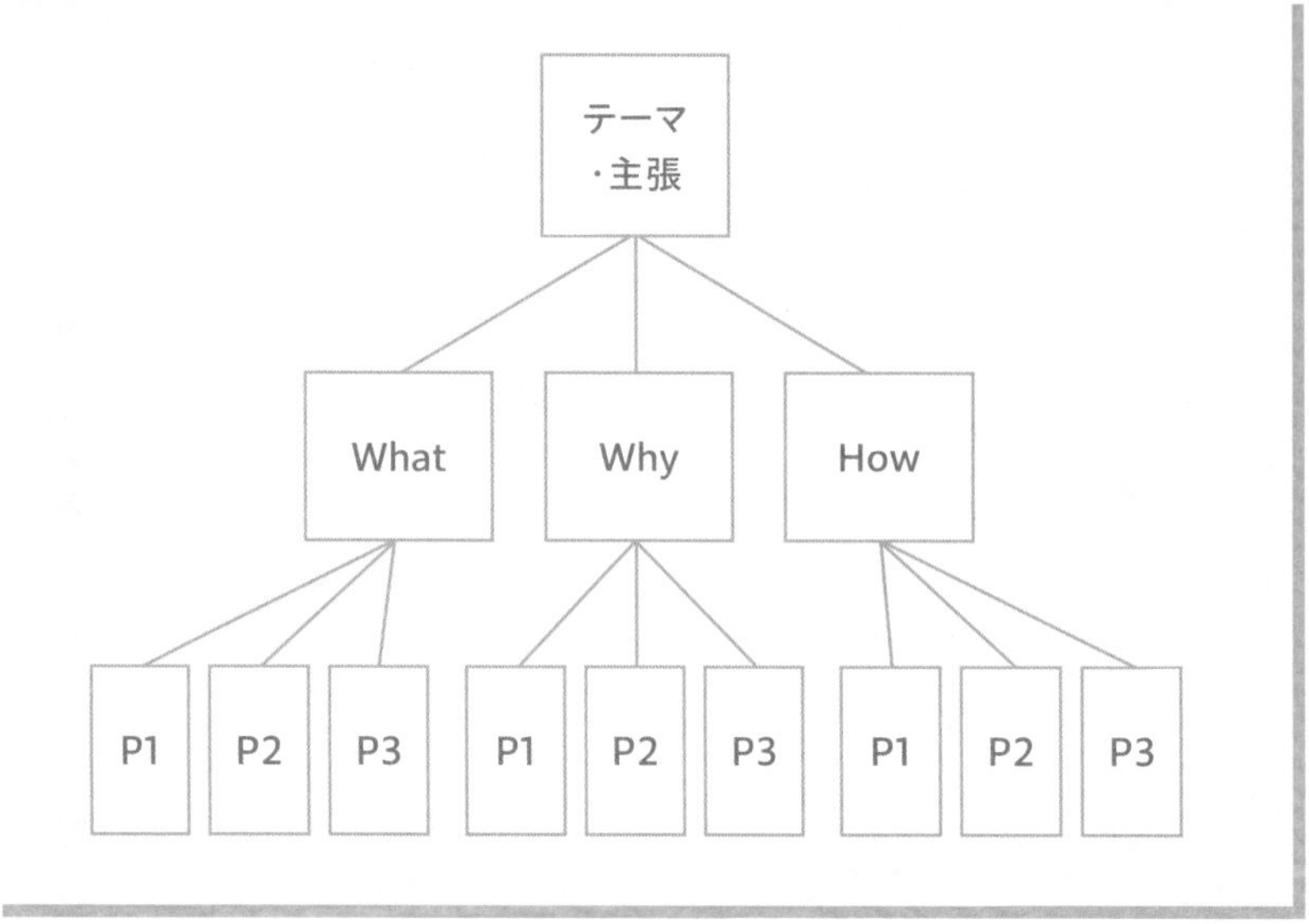

ARTOの「ベース」編で最初に学んだ〝「見せて」伝える〟のことなのですが、ではなぜ、「見せて」伝えると最小限の説明でも相手に伝わるのか。

答えは、「論理的な説明」よりも、「視覚的・直観的な説明」を優先しているからです。言葉だけで論理的な説明をすると、相手はあれもこれもとツッコミを入れてきがちです。だからこそ、「1回目や2回目の道案内」スタイルのコミュニケーションは極力避けましょうと力説してきました。

一方、「3回目の道案内」スタイルのように視覚優位な伝え方をすると、相手は細かい論理的なつながりよりも、直観的な理解を優先してくれます。

その結果、**たとえ色々とツッコミどころがあったとしても、ほとんど何も言われずにOKがもらえてしまう**のです。

このPARTの冒頭で解説した通り、そもそも「わかる」にはキリがありません。

100％わかる説明というものが幻想である以上、ツッコミどころはあって当然であり、そもそもゼロにすること自体が不可能なのです。

だからこそ〝「わかる」のマネジメント〟が必要になるわけですが、その際、「できるだけ話さないですませたい」私たちにとって最も有効な手法が「視覚化＝見える化」であり、さらに言えば、ただ「見せて」伝えるのではなく**「見比べられるように」伝える**のです。

ここが、「ベース」編からの最大のアップデートとなります。

以上、これで2つ目の**〝人は、「比べて見る」ことができると「わかった」となる〟**を実践する準備が整いました。「紙1枚」で、この本質を体感してみましょう。

たとえば、「副業に賛成です」というメッセージを伝えたいとします。

その際、前のPARTで学んだ3つの疑問を解消するアプローチを採用するのであれば、伝える前に「なぜ、賛成なのかというと？」「具体的なメリットは？」「どうやって本業との両立を成立させていくのかというと？」といった問いを立て、「紙１枚」にまとめながら思考整理していけばＯＫです。

一方、「副業反対」でも同じような「紙１枚」を書くことができます。

何が言いたいのかというと、こういった賛否両論が成立するような題材ほど、「わかりやすく説明するには限界があること」を実感しやすいのです。

賛成・反対どちらの「紙１枚」でも追加説明・ツッコミ共にいくらでも可能なため、何かしらコミュニケーション上の工夫をしないとキリがありません。

トコトン時間をかけたからといって１００％明快な結論に至るようなテーマでもないため、最後はより現実的なほうで選択するしかない。そういったシチュエーションが、実際にはいくらでもあり得るはずです。

仕事は、学校のテストではありません。必ずしも明確には割り切れない、説明しきれない部分がどうしても出てきてしまいます。

それでも、私たちは何とかして伝えなければなりません。相手に理解してもらってＯＫをもらい、仕事を前に進めていく必要があります。

そこで、比較的カンタンに試せて効果をすぐに実感できる伝え方として、**「比べて見る・見せる」アプローチ**をやってみてほしいのです。

具体的には、図18のような「紙1枚」を書いてみてください。こういった、賛成も反対も、両方とも一理も二理も成立し得るようなテーマについて伝える時は、伝える前にまず両者の理由を書き出して、見て、比べられるようにしてほしいのです。

賛成・反対について、それぞれ何個くらい理由が書けるのか。

あるいは、各理由の重み付けは、他と比べることでどう変わってくるのか。

こういったことを、目で見て、比べながら思考整理していくのです。

そして、自分なりに考えがまとまったら、あとはこれをそのまま相手に見せて説明していきましょう。すると、何が起こるのか。

こうやって両論を併記して見せて伝えると、ほとんど何も説明しなくても「まあ、確かにうちの会社の場合、とりあえず賛成ということで良さそうだな」というように、相手があっさり理解してくれるのです。

逆に、これを片方の意見だけで「なぜならば」といって説明していくと、多くの場合、

図18

Date: Theme: 01/01 副業解禁に「賛成」	新たな生きがい	反対	税務申告のやり方がわからない
複数の収入源	……	家族との時間がますます減る	本業から逃げているだけ
リスク分散	……	本業が疎かになる	……
会社が傾いても大丈夫		機密情報の漏洩リスク	

終わりなきツッコミの嵐に巻き込まれることになります。

とはいえ、これは相手が「細かい人」だからとか、「ネチネチ粘着系」だからということでは決してありません。

あなたの説明の仕方が、相手のそうしたツッコミを促してしまっているだけなのです。

だからこそ、こうした両論併記による「比べて見せる」伝え方を、ぜひ使いこなせるようになっていってください。

やり方は、引き続き「紙1枚」書くだけです。時間も、5分から10分程度あれば十分に思考整理できると思います。

・A案、B案のどちらを採用するべきか？
・A社、B社、どちらに発注するべきか？
・Aさん、Bさん、どちらを異動させるべきか？、等々

こうした二項対立系のテーマに関して、「A案だ」「B社だ」「Aさんだ」といって**「一点突破」スタイル**で片面だけを伝えようとするのは、できるだけ避けましょう。少なくとも効率性という観点では、過剰に時間がかかったり、泥沼にはまってしまったりするリスクが高いからです。

代わりに、両者を比べて思考整理し、相手にも見比べて理解してもらえるように**「一目瞭然」スタイル**で伝えていく。そうすれば、「できるだけ話さないですませたい」という本音を抑圧することなく、最小限の説明で伝わるようになります。ぜひ、やってみてください。

さて、次はこのアプローチの応用例です。有名な伝え方なので知っている人も多いとは思いますが、大切なので本書でも扱っていきます。

もうほとんど答えですが、次なるキーワードは、「**松・竹・梅**」です。

Logos 1-7

伝える前に、「両極端」を考えてみる

サラリーマン時代、私はコーポレートサイトのウェブマスターを担当していました。

「和・漢・洋」を活用すれば、企業ホームページの「管理人」「守《も》り人《びと》」です。

2000年代当時、自分はまだ20代。

一方、上司は40代後半から50代の人たちばかりでした。

今でも時おり、「若い年次から責任ある仕事を担当していたんですね」と言われたりすることもあるのですが、その理由はいたってシンプルで、当時の上の世代の人たちが著しくデジタル領域に疎かったからです。

今でも思い出すたびに噴き出してしまうのですが、上司たちと会議をしていると、なぜかウェブサイトのことを誰もが**「ウェッブサイト」**と言います。

「どうして毎回小さい〝ッ〟が入ってしまうのだろうか」と思いつつ、それでも何とか平静を装っていると……。今度はtoyota.comを「トヨタ・ドットコム」ではなく**「トヨタ・ダッカム!」**と、なぜか物凄くネイティブっぽく、力強い発音で突然繰り出されてしまったりするのです。

すると、参加者全員が真顔で「ダッカム!」と言い始めてしまい、会議は「ダッカム!祭り」状態に。私も年功序列を守るべく、「このトヨタ・ダッカム!に関してはですね」と腹筋崩壊に耐えながら合わせにいっていたことをよく覚えています。

要するに、当時のデジタル領域は上司世代にとって極めて非日常的世界だったため、その分野に慣れ親しんでいる人なら違和感を抱くような言い回しや解釈のオンパレードになってしまっていたのです。

上の世代がそんな状態だったからこそ、年次の低い立場でも相当の裁量で仕事を任せてもらえていたのですが(当時、日産のウェブ責任者の方々と交流する機会があったのですが、その人も同じ状況だと話してくれました)、そうは言っても上司に報連相しないわけにはいきません。

大企業である以上、社内を練り歩いて決裁を取得する必要があります。

いったいどうすれば、**聞き手に予備知識=既知が少ないような題材**でも、伝わる説明ができるのか。当時の私にとって、これは本当に切実な問いでした。

といっても、見出してしまえばあっけないもので、答えは今回も**「比べて見せる」**です。相手が細かいツッコミをしなくなるということは、**説明したところでチンプンカンプンとなってしまう専門的な話を、「比べて見せる」スタイルなら回避できる**ということを意味します。

この本質を活用しない手はありません。

実例として、ウェブサイトの不具合対応やアクセスデータの取得・解析といった業務を外注した際に、私が行った説明の話をさせてください。

自社で新たなシステムやサービス等を導入したい。一方、上司に内容を理解してもらうのは難しい。そんなケースでの伝え方として参考にしてください。

具体的には、伝える前に、図19のような「紙1枚」を作成してみます。

まずは1行目の緑ペン部分を見てください。「A案」「B案」「C案」と3つのプランが記載されています。

前の【Logos1-6】は2項対立でしたが、今回は「3つの対比」です。

図19

Date: 11/11 Theme: 松竹梅提案	A案	B案	C案
サービス内容	2つ	3つ	4つ
価格	100万	300万	500万
サービス期間	3カ月	半年	1年
担当者	1名体制	3名体制	5名体制
メールサポート	なし	日中対応	24時間対応
出張サポート	なし	2カ月に1回	毎月
……			

加えて、タテ方向の1列目には、「サービス内容」「価格」「サービス期間」といった条件が記載してあります。この「紙1枚」によって、聞き手は3つのプランの違いについて、**目で見て、見比べて、対比できるようになっている**のですが……。

実はこのプラン、**元々は真ん中の「B案」しかありません**でした。

ですが、「B案」のみで一点突破しようとすると、各項目について、「なぜ、この内容なのか」「なぜ、この金額なのか」「なぜ、この期間になっているのか」等々、あれもこれも時間をかけて説明しなければならなくなってしまいます。

もちろん、1つ1つ論理的に話すこと自体は可能なのですが、今回の最大のポイントは、そうした「細かい説明を相手が理解できるかどうか」です。

細部まで説明しようとすれば、どうしても技術的な話だったり、専門用語を使ったりしなければならないケースが出てきてしまいます。

その専門用語をさらに噛み砕いて解説し、また本筋に戻して根拠を逐一説明して、とやっていたら……。**情報量が増え過ぎて懇切丁寧な説明のはずが、結果的には非常にわかりにくいコミュニケーション**になってしまいます。

時間を浪費した挙げ句、「ようわからん」と言われてしまうだけです。

そもそも、どれだけ噛み砕いたところで、分野によっては理解できないこともあります。だからといって、「わかった」という感覚が得られない状態では、上司としても判断を下すことができません。

とりわけ、数年単位でローテーションしていく日本の組織では、聞き手がこういった状況に陥ってしまうことがよくあるのではないでしょうか。

もちろん、ＰＡＲＴ３の「エトス＝意志・信頼感」編でこれから詳しく学んでいきますが、こちらを信頼して「ようわからんから、もう任せた」と言ってもらえるだけの関係性を築くことも重要です。

とはいえ、できれば何らかのカタチで「わかった」となって判断してもらうことが、日本的組織の上司・部下関係としては特に重要なのではないでしょうか。

もし、あなたが上司に配慮した「伝え方」を身につけることができれば、当然ながらあなたの評価は高まっていくはずです。思い通りのキャリアにもつながってくるでしょう。

そのために駆使してほしいのが、先ほどの「紙１枚」なのです。

私は当時、アウトソーシング先の担当者さんに「すみませんが、この案を両極端にしたA案とC案を用意してもらえないでしょうか」とお願いしました。

ちなみに、こういう別案をこしらえるのは非常に面倒なことなので、発注元の人は丁寧に事情を説明し、配慮した依頼をするようにしてください。

時おり取引先だからといって急に横柄な態度になる人もいますが、「エトス＝人柄」の観点でいえば絶対NGです。くれぐれも気をつけてください。

さて、当初案をB案にし、採用するつもりのない両極端な案を一覧にして並べ、見比べられるようにして上司に伝えたところ、いったい何が起きたのか。

上司としては、**たとえB案の詳細について深く理解できなくても、A案やC案と比べて現実的だということは、明確にわかる**のです。

この伝え方なら、専門的な話に立ち入らずに、それでも対比によって「わかった」という感覚は得てもらうことができます。非生産的で不毛なツッコミモードに陥ることなく、スムーズに決裁を取得することができるようになる。

これが、「比べて見せる」の威力・使いどころです。

現場レベルの人なら理解できるが、マネジメントレベルにはとても説明しきれない。そもそも説明している時間もないし、でも承認はもらわないといけない。

仕事をしていると、そうしたシチュエーションに直面することがよくあるはずです。

そんな時は、このアプローチをぜひやってみてください。

ちなみに、私は今回のような「伝える前の下準備」を、自分なりに試行錯誤しながら見出していきました。「ウェッブおじさん」や「ダッカム！　おじさん」に「ようわからん」と言われながら、それでも何とかして伝えなければならないという切実さから編み出していった方法です。

ところが、いざ見出してみると、この手法には**「松・竹・梅の法則」**や**「ゴルディロックス効果」**という名前が付いているのだと認識するようになりました。

先ほどの例でいえば、ライトな方に極端にした「A案」が「梅」、ゴージャスな方に振り切った「C案」が「松」ということになります。

1案だけの一点突破だと、その案の詳細まで伝える必要があるのに対し、3案併記であれば相対的な比較によって、短時間で「わかった」という状態へと導くことが可能になるのです。
くれぐれも誤解しないでほしいのですが、これは決して相手を騙しているわけではありません。そもそも「わかるには終わりがない」以上、あるいは、特に仕事上は時間もかけられない以上、**どのレベルでわかってもらうのが現実的なのかについて、伝える側が積極的にデザインしていく必要があるの**です。

さて、「比べて見る・見せる」手法について、「二項」対立と「三項」対立のバージョンを紹介してきました。最後にもう1つ、「多項」型バージョンもカバーしておきたいと思います。

次なるキーワードは、「**仕事の地図を描く**」です。

Logos 1-8
伝える前に、「プロセス」で考えてみる

当初の紹介からページがかなり離れてしまったので、再確認です。

私たちは今、**人はどういう時に「わかった」となるのか**について学んでいます。

ポイントは3つあり、今は2つ目について学んでいるところです。

① 人は、「既知との照合」ができると「わかった」となる
② 人は、「比べて見る」ことができると「わかった」となる
③ 人は、「3つの疑問を解消」できると「わかった」となる

ここまで、「比べて見る」に関して、【Logos1-6】では二項対立型を。【Logos1-7】では三項対立型の思考整理&コミュニケーション法について紹介してきました。

今回は3つ目の**「多項型」**となるのですが……。

実は、今まさに私が行ってきた説明こそが、「多項型」のポイントです。

すなわち、**「全体像と部分を比べられるようにまとめて見せること」**。

人は、「全体像」が把握できると、あるいは「全体の中での部分の位置づけ」がクリアになると、「わかった」という感覚を抱きます。

PARTOの「ベース」編冒頭で学んだ「道案内」を思い出してください。

「地図」とはまさに「全体像」であり、「現在地」と「目的地」という「部分」が把握できるからこそ、私たちは「わかった」となるわけです。

では、これを仕事のコミュニケーションでどう活かしていけば良いのか。

私自身がよくやっている方法は、**「プロセスで見せる」**伝え方です。

ビジネススクールなどで学ぶ「バリューチェーン」や「プロセス思考」といったフレームワークを、本書の文脈で活用した例となります。

具体的には、図20のような「紙1枚」を作成すればOKです。

これは、業務プロセスの全体像を「紙1枚」にまとめたものになります。

図20

Date: Theme: 11/11 業務プロセス： 出版			
Start →	1 仕入れ インプット	2 執筆	3 製本
4 配本	5 販売 プロモーション	6 読者フォロー 実践サポート	7 発展学習 機会の提供
8 ○○○○○	9 ○○○○○	10 ○○○○○	→ Goal

私の例なので出版プロセスの事例となっていますが、自身の業務についてこれから実際に書いてみてください。

ポイントは、緑ペンで「Start」「Goal」そして番号と矢印をあらかじめ書いておくことです。あとは、青ペンで自身の業務プロセスを埋めてみてください。

最初から書いても、ゴールから逆算する流れで記入していっても構いません。とにかく埋められるところから書くスタイルでOKです。

また、フレームは10個分ありますが、すべてを埋める必要はありません。実際、私の例も7つまでで終わっています。

まずはこうやって、**伝える前に仕事のプ**

ロセスを「視覚化＝見える化」し、全体像を目で見て、比べられるようにする。これを習慣化しておくと、様々なコミュニケーションで「一目瞭然スタイル」の説明ができるようになります。

たとえば、業務カイゼンについて思考整理したり、社内で提案したりするケースで考えてみましょう。図20の例で言えば、「読者フォロー実践サポート」や「発展学習機会の提供」といったところを赤ペンで囲います。

というのも、通常のビジネス書の大半は本だけで完結してしまうのですが、このジャンルは**「読んで満足」ではなく「活用して、役立てて満足」**が本質です。

本を読み終わることはゴールではなくスタートであり、スタートラインに立った人たちに何かしらのケアやサポートをするのは、著者として当然の責務なのではないか。少なくとも私は、そのように考えています。

だからこそ、たとえば「本を出した後のケアについて、もっと強化するべきだ」といった業務カイゼンの方向性が生まれてくるわけです。

あるいは、製本や販売は出版社・書店さんにお願いしている状況ですが、ここについて

「自社でもやれることがあるのではないか」と考えることもできるでしょう。

私の場合は上司がいるわけではないので、このケースを見せて伝える相手はいません。それでも、ここまでの説明を見てもらったことで、あなたの中に「なるほど、確かにビジネス書は読んだ後からが真のスタートだな」「読後のアフターケアなんて考えたこともなかったな」等々、様々な理解が得られたはずです。

なぜそのような「わかった」感覚が生まれてきたのかといえば、私が業務プロセスの全体像をあなたに見せて、各プロセスと比較しながら理解することができたからです。ぜひ、自身の業務について同様の「紙1枚」を書き、**一目瞭然であっさり理解が深まる体験**をしてみてください。

以上、伝える前に「比べて見る」思考整理法、そしてそれを相手に「見せて」伝えることであっさり伝わる方法について、これまで解説してきました。

これで、「既知との照合」と「比べて見る」の2つが完了したことになります。

最後は3つ目の「わかった＝3つの疑問の解消」について学んでいきましょう。

キーワードは、「**網羅感と満足感と納得感と**」です。

Logos 1-9

伝える前に、「納得感」を設計する

人はどういう時に「わかった」となるのか。再度、全体像の確認です。

①人は、「既知との照合」ができると「わかった」となる
②人は、「比べて見る」ことができると「わかった」となる
③人は、「3つの疑問を解消」できると「わかった」となる

さらに大きな全体像に戻れば、私たちは今「ロゴス」「パトス」「エトス」のうち「ロゴス＝思考・理解」に効く学びを積み上げてきています。

その最後のピースが、「3つの疑問の解消」です。

といっても、この項目で追加で学ぶことは、実はあまりありません。

なぜなら、すでにPART0の「ベース」編で学習済みだからです。

「What」「Why」「How」3つの疑問を解消する。

そうすれば、人は「わかった」となってくれる。

実際、私はトヨタの「紙1枚」資料を1000枚以上研究するという実体験（＝What）を通じて、この本質を見出していきました。

そして、この本質を「紙1枚」で実践する方法（＝How）についても、すでに「ベース」編で学習済みです。なので、この項目では「なぜ、3つの疑問を解消すると、人はわかったとなるのか」という「Why」に絞って解説したいと思います。


まず、「What」「Why」「How」の例を再確認してみましょう。

・What?：現状、概要、課題、問題点、討議内容、詳細情報、等
・Why?：理由、要因解析、背景、経緯、当初の目的、等
・How?：実行計画、今後の対応、スケジュール、展望、見通し、等

わかりやすいので「Ｈｏｗ」からいきたいのですが、「計画」「今後」「展望」等々。

いずれも時間軸でいえば、これは**「未来」**に該当します。

つまり、「Ｈｏｗ」とは、「未来の不明点を解消する」疑問詞なのです。


一方、「Ｗｈｙ」の例を注意深く確認してみましょう。

「理由」「要因」「背景」「経緯」等々、要するに「なぜ、こうなったのか」という**「過去」**にフォーカスをあてた言葉なのではないでしょうか。

したがって、「Ｗｈｙ」は「過去の不明点」をカバーしていることになります。


となると、必然的に残る「Ｗｈａｔ」が「現在」となるわけですが……。

ここは少々解釈の積み上げが必要です。

「現状」「概要」「詳細」等々、素直に考えれば真っ先に浮かぶ共通項は「より具体的に」です。具体的なイメージがわけばわくほど「わかった」となる。

これが「Ｗｈａｔ」の意味なのですが、一方で、「Ｗｈａｔ」的な理解を得た時、人は次のようなセリフをよく口にします。

「実感がわきました」「手ごたえがあります」「これでつかめました」等々。

いずれも「身体的」な表現であり、「カラダ＝リアル＝現実」と置き換えていけば、「What」のカバー領域は**「現在」**と理解できるのではないでしょうか。

まとめると、なぜ「What」「Why」「How」の3つの疑問を解消すると人は「わかった」となるのか。その答えは、**「過去」「現在」「未来」3つの時間軸の不明点をすべてカバー**しているからです。

この3つを網羅的に解消しながら伝えることで、相手はあなたの説明に満足し、「納得感」を抱いてくれます。

この**「納得感」**という言葉が、「ロゴス」編における最後のキーワードです。

これまで繰り返し前提にしてきた通り、私たちは論理的にすべてのツッコミに答え切ることはできません。一方で、ある程度の説明で「納得」することならできます。というより、時間が限られる以上、あるいはツッコミを考え続けていると疲れてしまう以上、最後はどこかで「納得」するしかないのです。これを、ヒトコトでまとめてみます。

「わかる」のマネジメントとは、「納得感」のマネジメントである。

では「納得感」はどこから生まれてくるのかというと、それがここまで学んできた「既知との照合」「比べて見る」「3つの疑問の解消」によって「親近感や網羅感や満足感」が生じた時なのです。これですべて、つながってきたでしょうか。

以上を踏まえ、総仕上げです。

どのくらい「理解」できているか、人に伝えるつもりで「紙1枚」書いて確かめてみましょう。次ページの図21のように作成し、実際に記入してみてください。

ちなみに、あえて「ベース」編の時とは質問文を変えてあります。**「What」「Why」そして「How」をカバーできていさえすれば、どのような順番、質問文でも構いません。**工夫しながら自分にとって伝えやすいまとめ方を模索していってください。

これにて、PART1「ロゴス」編は完了です。

続くPART2では、「パトス＝感情・共感」に効くアプローチを扱っていきます。

図21

Date: Theme: 11/11 Logos編の学びを伝えるつもりで	なぜこのパートを読みたいと思った？	何を学べた？	今後にどう活かす？
P1?	○○○○○	○○○○○	○○○○○
P2?	○○○○○	○○○○○	○○○○○
P3?	○○○○○	○○○○○	○○○○○

いったいどうすれば、相手の「心に響くような伝え方」ができるのか。

最初のキーワードは「**古代ギリシャ、再び**」です。

伝える前に、「マトリクス」を活用する

「ロゴス」編では、伝える前に「比べて見る」思考整理法&「比べて見せる」コミュニケーション法について学んできました。その際、この本では「二項型」「三項型」「多項型」の3つに分けて、「紙1枚」で実践する方法をまとめていきました。

ただ、本音を言うと私自身がこの3つ以上に使い倒している「対比」の型があります。**「マトリクス」**です。149ページの図22を見てください。

この例は、本書が出るまでの最新刊だった**『あなたの「言語化」で部下が自ら動き出す「紙1枚！」マネジメント』**（朝日新聞出版）から引用したものです。

このように、「1枚」フレームワークを使えば**「2×2のマトリクス」**思考整理やコミュニケーションもカンタンに実践することができます。

ただ、長年こうした方法について教えている中でわかってきたことがあって、どうも「マトリクス」に関してハードルの高さや縁遠さを感じている人が非常に多いようなのです。結果、極めて有益な手法であるにもかかわらず、実態としてはなかなか日常的に使ってくれない……。そんな現実に直面してきました。

本書は、コミュニケーションに苦手意識のある読者さんを対象にしています。

そこで、マトリクスについてはそもそも扱わないという判断をしました。

とはいえ、私自身はこれなしでは仕事が成立しないというレベルで日々使い倒している思考整理法&コミュニケーション法です。もし、アレルギーや苦手意識がないのであれば、マトリクス式の「対比」にもチャレンジしてみてください。

先ほど挙げた『「紙1枚!」マネジメント』に「2×2」の実例が数多く掲載してありますので、参考にしてもらえましたら幸いです。

図22

業務の割り振り 判断マトリクス			部下の能力 習熟度
		不十分	十分
	長め	○○○○○	○○○○○
期限 時間的スパン	短め	○○○○○	○○○○○

Will・Skill マトリクス			Skill 能力
		不十分	十分
	能動的	支援する (教える)	任せる
Will やる気	受動的	指示する	支援する (寄り添う)

PART 2 Pathos

伝える前が9割
「共感＝パトス」編

これで「心に響いて」伝わる

Pathos 2-1

伝える前に、「人となり」を洞察する

2023年は、ChatGPT等の生成AIの大騒ぎから始まりました。ゴールデンウイークを境に少し落ち着きましたが、本書を執筆している現在（夏頃）でも毎日のようにニュースが飛び交っています。この本が出る頃には、何かしらのAIツールを実際に仕事で使っている人も増えてきているのではないでしょうか。

今年の春の時点で、私は主宰するスクールの受講者さん向けに、ChatGPTの実演をしました。具体的には、PART0の「ベース」編やPART1の「ロゴス」編で学んでもらった思考整理を、ChatGPTにやらせてみたのです。

結果は……テーマや投げかけ方にもよりますが、私たち人間と遜色ないレベルでわかりやすいアウトプットを出してくるケースもありました。

今後、この精度が上がっていくとコミュニケーションはどうなってしまうのか。

「ロゴス＝思考・理解」レベルでは、誰もがＡＩを活用してわかりやすい説明を量産できるようになるため、あまり差がつかなくなってくる。

これが、現時点での私の考えです。

と、ここまでを読んで「え、だったらもうＰＡＲＴ１までの内容は学んでも意味がないってことですか？」と感じた人もいるかもしれませんが……。

まったくの逆です。

ＡＩでもやれてしまうようなことだからこそ、最低限のスキルとして早急に身につけてしまうべきなのではないでしょうか。そうしないと、ＡＩを使う側ではなく、ＡＩに付き従う側になってしまいます。

これから数年で主従関係が逆転してしまうようなことがないよう、「できるだけ話さないですませたい」と感じている人ほど、キャッチアップの最後のチャンスだと思って大急ぎでマスターしてしまってください。

とはいえ、ＰＡＲＴ１すべてをＡＩに代替できるとも考えていません。

特に、「既知との照合」を使いこなすために「相手が既に知っていること」を把握していく、すなわち「相手の興味・関心に応じた伝わりやすい言葉」を選択していく力。この辺りは、引き続き人間側が担うことになる部分だと思います。

相手が何を感じ・考えているかを洞察し、理解し、相手に寄り添って心に響くような伝え方をしていく。こうした**「パトス＝感情・共感」**アプローチがますます重要になってくる時代が、今まさにやってきている。

こういった文脈で、このＰＡＲＴ２を読み進めていってもらいたいと思います。

さて、そうなるとこのＰＡＲＴの最重要能力は**相手を「洞察する力」、相手の立場で「想像する力」、相手に「共感する力」**といったものになってきます。

そんな力を身につけることができるのかといえば、可能です。

ただ、いきなり身も蓋もない結論で恐縮ですが、こうした力は一朝一夕で身につくものではありません。ＰＡＲＴ１の冒頭で解説した通り、「パトス」編からはどうしても時間がかかる手法もでてきます。

「ロゴス」編とは異なり、理屈を超えた部分で「感じ取ってもらうしかない」話も増えてくるため、やってみてもらわないことにはピンとこない知見も多いです。

加えて、「できるだけ話さないですませたい」と感じている人にとっては、少々ハードルが高いと感じることもあると思います。

とはいえ、こうした伝え方も身につけていくべき時代になってきていることは確かです。できるだけ取り組みやすいようなカタチで手渡していきますので、できそうだと感じられたものから、少しずつ取り組んでいってください。

改めまして「相手が何を感じ、考えているか」をどうやって見極めていくのか。

私自身は、157ページの図23のような「紙1枚」を頭に浮かべて、日々役立てています。といっても、この「紙1枚」に関しては書く必要はありません。ただ眺めてくれればOKなので、これから解説を読みながらじっくり味わってみてください。

「はじめに」でも触れましたが、私は20代の頃、タイプ分け診断やパーソナリティ理論について独自に研究していた時期があります。洋の東西、時代の新旧を問わず、様々な知見に触れていました。

その結果、最終的には「もうこの4タイプだけで必要十分だろう」といって見出したのが、図23の「紙1枚」です。

①Fire（火・情熱）＝Hot×Dry：「行動」「結果」「主導的」
②Air（風・空気）＝Hot×Wet：「感化」「楽観的」「社交的」
③Water（水・ケア）＝Cool×Wet：「安定」「思いやり」「献身的」
④Earth（土・地球）＝Cool×Dry：「慎重」「冷静」「分析的」

4つのタイプは、右上から**「火・風・水・土」**に分かれています。

この4要素を構成する2軸については、「自他の境界線をくっきり」分け、ドライな関係性を好むパーソナリティなのであれば「乾気（Dry）」。

逆に、「自他の境界線があいまい」でウェットな人間関係でも平気なのであれば「湿気（Wet）」が該当します。

もう1つの軸は、「冷気（Cool）」と「熱気（Hot）」で分けていて、これは社交性が「内向的（エネルギーの方向性が内向き）」か「外向的（エネルギーの方向性が外向き）」かで分

図23

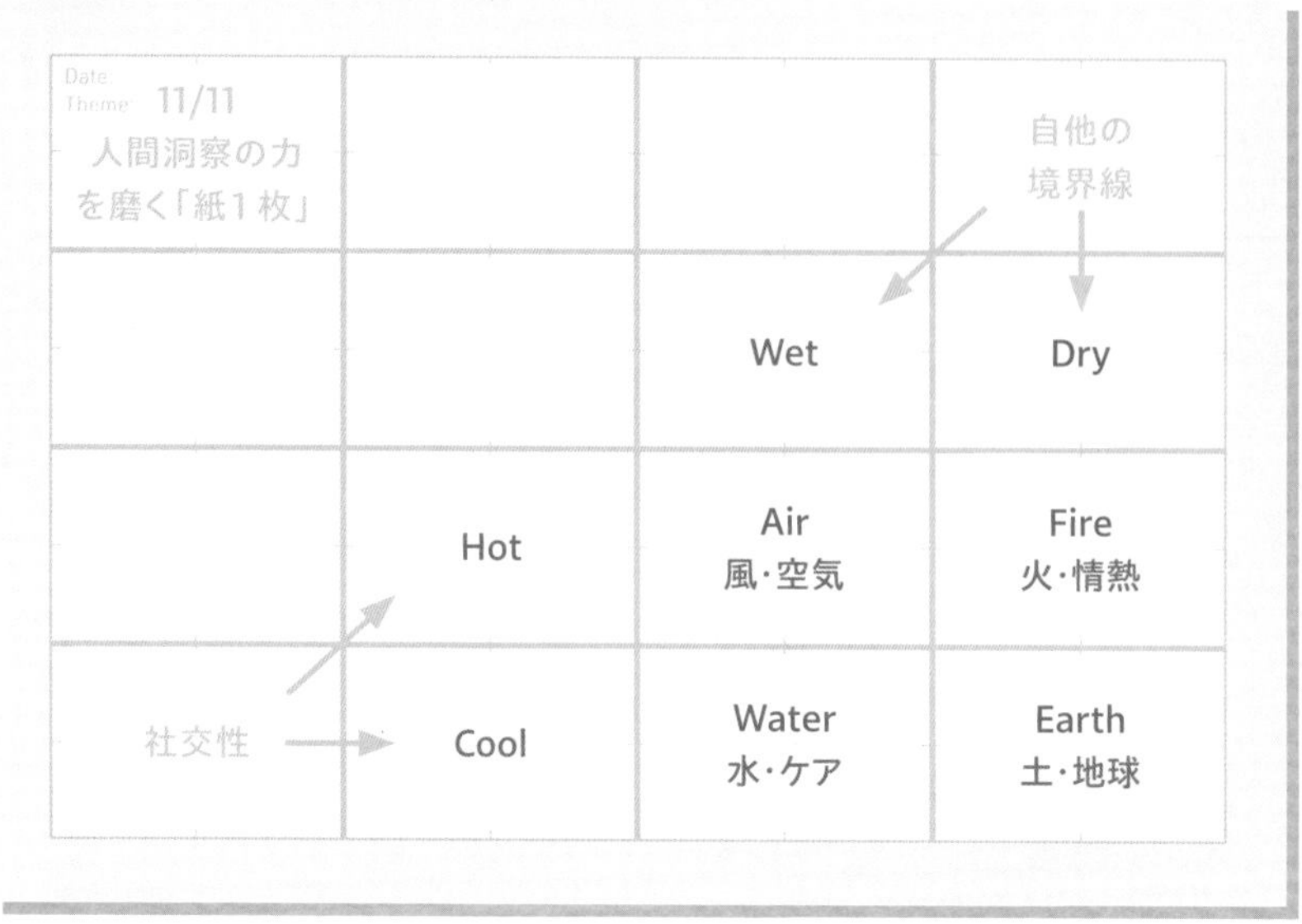

Date: Theme: 11/11 人間洞察の力 を磨く「紙1枚」			自他の 境界線
		Wet	Dry
	Hot	Air 風・空気	Fire 火・情熱
社交性 →	Cool	Water 水・ケア	Earth 土・地球

かれています。

まとめると、**「乾気×湿気×冷気×熱気」という自然環境を構成する4つの「気」の掛け算で、「火・風・水・土」という4つの「気質＝パーソナリティ」が決定される。**そんなタイプ分けがあるのです。

どのくらい前から言われているのかというと、なんと古代ギリシャの時代にまで遡ります。「ロゴス」「パトス」「エトス」と同様、この本質もまた、2000年以上にわたって生き残っている＝普遍性の高い知見なのです。

さて、この「紙1枚」をいったいどうやって活用していくのかというと、**伝える**

前に、相手がこの４つのタイプのどれか毎回考えてみてほしいのです。といっても、いきなり他者は大変だと思うので、まずは自分がどれかでやってみましょう。

一番カンタンなのは、おそらく右下の「土」タイプになると思います。なぜなら、「できるだけ話さないですませたい」と感じている人の多くが、ここに該当する可能性が高いからです（ちなみに、私も「土」タイプです）。

右半分のパーソナリティは**「自分は自分、人は人」**という感じで、境界線をくっきり分けます。それでいて社交性は内向的（＝右下）なので、コミュニケーションに苦手意識を抱いて当然なのです。

「どうして自分はこんなに人付き合いが下手なのだろう」といって自己否定に陥る人もいると思いますが、この「紙１枚」が当たり前になってくると、そうした捉え方をしないで済むようになってきます。

「火風水土」は、生まれつきの性格です。生年月日と同じで変えようがありません。そうだとわかれば、あとは淡々とうまく付き合っていけば良いだけです。

そう思えば、自分を責めたり否定したりといったことが、徐々に減ってくるのではないでしょうか。少なくとも私自身は、この知見のおかげで自己肯定感を回復できたと思っています。

風雪に耐えて語り継がれている本質には、それだけの威力や魅力がある。本書を通じて、根本から学ぶことの醍醐味も味わってもらえたら嬉しいです。


「紙1枚」の解説を再開します。次は右上の「火」のタイプです。

自他の境界線をくっきり分けつつ、活動的でエネルギーレベルの高い人がここに該当します。このパーソナリティの人も**「人のことは知らん、自分は自分で頑張る」**といった感じになりやすいため、コミュニケーションは苦手、というより面倒だと感じる人も多いはずです。心当たりはあるでしょうか。


今度は「紙1枚」の左半分、「風」と「水」を見てみましょう。

自他の境界線が曖昧というのは、要するに「みんなで、一緒に」という傾向が強いということです。これが左上の外向的だと「風」、左下の内向的だと「水」に分かれていきます。

どちらも人間関係を重視していく点では同じですが、「風」タイプは交友関係が非常に広くなる**「みんなで」**タイプなのに対して、「水」タイプは少数をじっくりケアしていく**「一**

緒に」タイプです。

あるいは、こういう言い方もできると思います。

どちらのタイプも、コミュニケーション自体は好きなはずです。

ただ、積極的に人と関わるがゆえに、私のような「土」タイプとは比べものにならないくらい「伝わらない体験」をしているはずですし、その結果「できるだけ話さないですませたい」と感じている場合もあるのではないかと思います。

何が言いたいのかというと、要するにすべてのタイプが「できるだけ話さないですませたい」になり得るのです。

「風」や「水」の人は本書の対象読者ではないということでは決してありませんので、該当する人も安心して、これからさらに読み進めていってください。

とにかくわかってほしかったことは、「自分は、相手は、この4つのどのタイプなのだろうか？」という問いが立つことによって、**相手が何を感じ、考えているかについて興味や関心をもつきっかけになる**という点です。

自分の見立てが正しいかどうかを、気にする必要はありません。

そもそも正解があるような話ではないですし、目的はこうしたフィルターを通じて、相手を洞察する経験値を上げていくことにあります。

その結果、相手が「火風水土」のどれなのかよくわからなくても、**少なくとも伝える前に、相手の立場で考えようとする習慣はついてくる。**

これが、本書でこの「紙1枚」を紹介する最大の意図なので、どうか結果にはこだわらずに、楽しみながらヒューマンウォッチングをやってみてください。

ちなみに、本書執筆中に『マイ・エレメント』という映画が公開されました。テーマはなんとそのままズバリ「火風水土」。各パーソナリティ（特に「火」と「水」）の特徴が、世界屈指の美麗な映像と秀逸な脚本で描かれています。この項目で得た学びについての最高の補助線となる作品です。未見の方はこの機会にぜひ触れてみてください。

それでは、次の項目へと進みましょう。

キーワードは、**「論理と心理と」**です。

Pathos 2-2

伝える前に、「心理的満足」をデザインする

前の項目では、「どうすれば、相手が何を感じ、考えているかについて洞察できるか？」という問いに、「紙1枚」で答えてみました。

とはいえ、実際にある程度「火風水土」の見立てができるようになってくるまでにはトレーニングが必要です。加えて、どこまでいっても正解かどうかは確かめようがない領域のため、ちょっとハードルが高いことは承知のうえで、それでも重要な本質として紹介しました。

一方、ここからは**できるだけ相手のことを深く洞察できなくても活用可能かつ、比較的短い時間スパンでも取り組めるような本質や方法**を厳選して紹介していきます。

「これなら試せそう」と感じたものから、積極的にトライしてみてください。

さて、最初に活用したい、というより再確認したいことは、PART0「ベース」編とPART1「ロゴス」編の両方で学んだ「3つの疑問を解消する」伝え方です。実はこの方法は、PART1とPART2の「パトス=感情・共感」アプローチの要素も含んでいて、ちょうどPART1とPART2の境界線に位置するような手法になっています。

どういうことかというと、PART1の最後にあたる【Logos1-9】で、私は**「納得感」**というキーワードを出しました。これは「感」とついている通り、本来であれば理屈を超えた感情レベルの話です。すなわち、「What」「Why」「How」の3つの疑問を解消することで、私たちは論理的にというよりも心理的に「納得感」を抱く。

理屈の面では、まだまだいくらでもツッコもうと思えばツッコめるが、**心理的にもう満足してしまったことで、そうしようという「気持ち」が起きなくなってくる。**これが、「パトス=感情・共感」の文脈で改めて解説した、「3つの疑問」解消アプローチの効用です。

あるいは、「比べて見せる」伝え方についても、同じことが言えます。

例として数学の勉強をイメージしてもらうとわかりやすいと思いますが、教科書の文章説明や数式を読んでもチンプンカンプンだったとしましょう。

ところが、これをグラフやベン図のようなカタチで視覚的に見せられると、途端にわかりやすくなり、「納得感」が生まれてきた経験があるのではないでしょうか。

　このように「見せる」ことによっても、**「論理的に理解」より「視覚的に納得」**という伝え方が可能になるわけです。たとえば、図24のように。

　うしろから遡ってきましたので、最後に「既知との照合」についても接続しておきたいと思います。

「カレーライス」も「連想ゲーム」も、いずれもイメージ重視のたとえ話に過ぎません。厳密に、論理的にイコールでつなげられるかといえば、「料理と思考整理は違う世界の話ですよね」といったツッコミはいくらでも可能です。実際、そうリアクションしてまったく理解しようとしなかった人も過去にいました。

　とはいえ、こういった人は少数派ですし、このようなタイプの人にどう伝えていくかについては、PART3の「エトス」編で別途カバーしていきます。

　ともかく大半の場合はこの伝え方で「わかりやすかったです」と言ってもらえますし、その理由は**イメージの領域にアクセスすることで「視覚的・心理的な納得感」が生まれてくるから**なのです。

図24

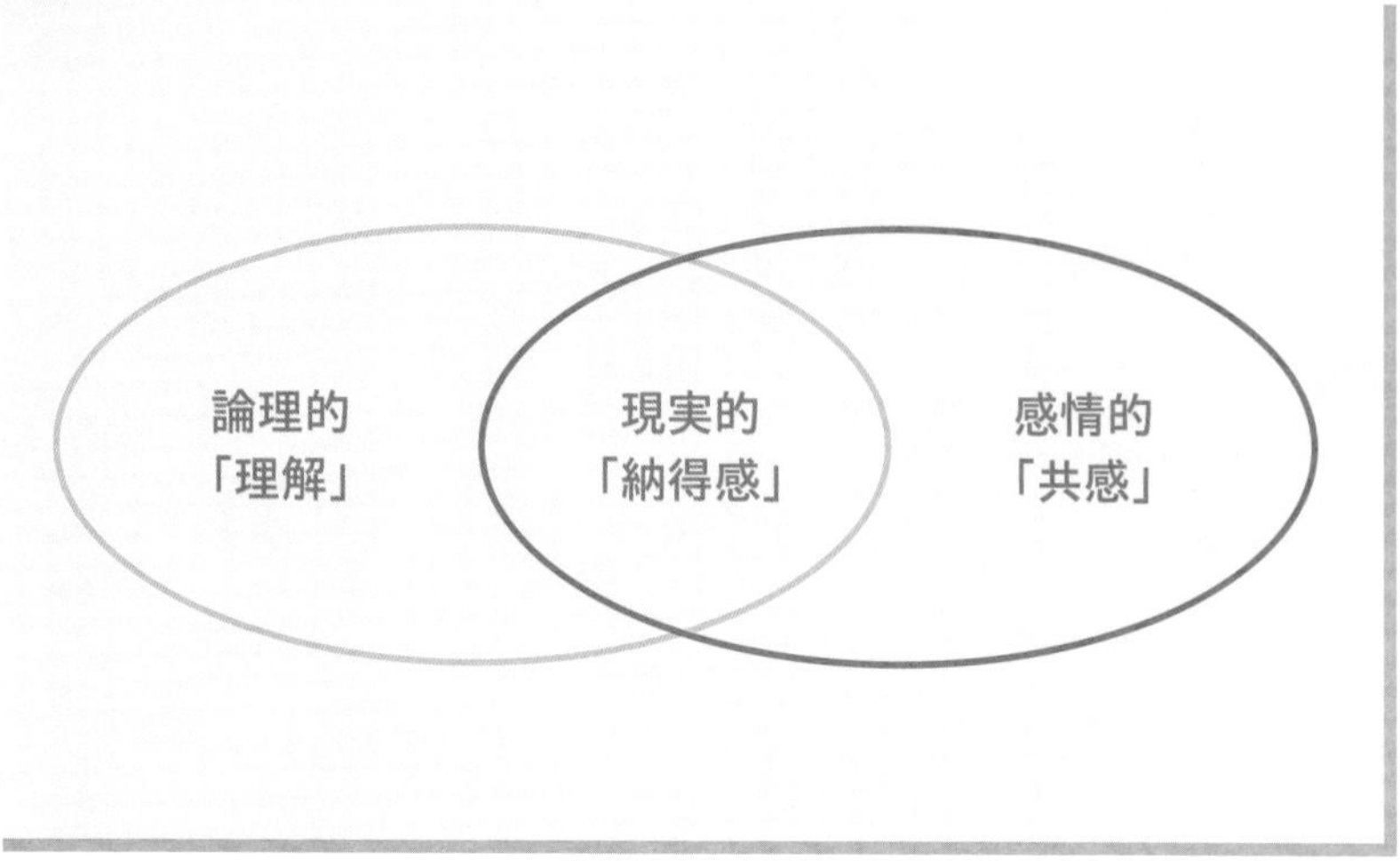

要するにPART0の「ベース」編やPART1の「ロゴス」編の内容を伝える前にやってありさえすれば、その時点である程度「パトス＝感情・共感」領域も活用できている。そう捉えてみてください。同時に、これでこのPART2への心理的ハードルも当初よりはだいぶ下がってくるのではないでしょうか。

実際、3つの疑問を解消する「紙1枚」についてある程度マスターしてくれていることが、次の項目の条件になってきます。

キーワードは、**「心に響くのは第1でも第2でもなく、第3の説明」**です。

Pathos 2-3

伝える前に、「背景」を深掘りしておく

「伝え方」や「コミュニケーション」をテーマにした本の多くが参照している文献、というより「ある動画」があります。サイモン・シネックがＴＥＤというイベントで話した**「ゴールデン・サークル」**です。「ゴールデン・サークル」と検索すれば一発で見つかるので、まだ視聴したことがない人はどこかのタイミングで一度は確認してみてください。なお、講義内容をベースにした『ＷＨＹから始めよ！』（栗木さつき訳、日本経済新聞出版）という本もありますので、参考までに紹介しておきます。

基本的にはリーダーシップ文脈で紹介されていますが、相手の心に響く伝え方の本質として、リーダーかどうかを問わず誰もが身につけるべき内容です。

最大のポイントは、書名にある通り**「Ｗｈｙを語ること」**。

シンプルですが、これで「パトス」アプローチを実践することができます。何より、相

手を問わない手法なので、比較的カンタンにトライしやすいはずです。

例として、「会話機能のついたお掃除ロボット」を挙げてみましょう。

まず、「このお掃除ロボットの差別化ポイントは何かと問われれば、それは会話機能です」という伝え方をしたとします。

これは、**「What＝機能説明」**をしただけだと捉えてみてください。

一方、「このお掃除ロボットの赤いボタンを押してみてください、これでもう会話ができますよ」と伝えた場合、これは**「How＝取扱説明」**となります。

確かに、こういった説明でもとりあえず「わかりました」とは言ってもらえると思いますが、感情レベルでは何も動きは生まれてきません。

「家電の説明に心の変化なんて必要？」となっている人もいるかもしれませんが、そもそも私たちは理屈より感情で商品やサービスを買っています。

購買理由は実は後付けでしかなく、買うかどうか自体は感情で決めている。

この本質に興味のある方は「行動経済学」に関する本を何かしら読んでみてほしいのですが、ともかく「パトス」アプローチで伝える力を身につけなければ、ビジネス、商売、経済自体が回っていかないのです。

営業や販売担当の人はもちろん、相手の心に何かしら響かせたいことがある人であれば全員、この伝え方を使いこなせるようになっていきましょう。


この項目で具体的にやってほしいことは、**「Why＝背景説明」**です。

それこそ、ＴＥＤのような魅力的なプレゼンテーション動画でも見るようなつもりで、次の説明を脳内で再生してみてください。


なぜ、お掃除ロボットが話をする必要があるのか。

私には、遠く離れた故郷で独り暮らしをしているおばあちゃんがいます。年に一度会えるかどうかという状況のなかで、ある時おばあちゃんが私にこう言ったのです。「足も不自由だから、なかなか外にも気軽に出られなくてね……最近は身近なところで誰かと会話をする機会も減ってしまってね……」

家電メーカーの一担当者として、私に何かできることはないか。

おばあちゃんが喜んでくれるような製品を作るとしたら、それは何なのか。

寝ても覚めても、そのことばかり考えていたら、ある時ふと気づきました。

そもそも「家電」とは、「家」庭に入り込む「電」気製品です。
言い方を変えれば、「家庭の日常に寄り添う存在」。

これこそが、家電の本質なのではないでしょうか。
日々を共に過ごす存在になっている家電と、もし会話ができたなら。
コミュニケーションを通じて「つながり」を感じることができるのだとしたら。
家電は今よりもっともっと、人に寄り添うことができるのではないか。
家庭生活を便利にするだけでなく、生活を営む人たちに寄り添うために。
そんな願いを込めて、この商品をこれから届けていきます。

（※「実践サポートコンテンツ」〈巻末参照〉内でこのプレゼンテーションについて実際に私が語っている動画を確認できます）

以上、文章だけでは限界もあるため「実践サポートコンテンツ」の動画もぜひ併用してほしいのですが、**「What＝機能説明」や「How＝取扱説明」の時とは異なる刺激を、「Why＝背景説明」であれば頭ではなく心に加えられる。**

まずはこのことを、「理解」ではなく「感じ取って」もらえたら嬉しいです。

以上を踏まえ、次の項目では、この本質をどうやって実践するかについて話していきたいと思います。キーワードは、「**スキルよりスキ**」です。

Pathos 2-4

伝える前に、「推せるかどうか」向き合う

前の項目を踏まえ、ここからは実践編です。

といっても、基本的には「Why＝背景を語る」だけなので、知識レベルで難しいことは何もありません。

ただ、いざやってみようとすると……。実は、人によってはちょっと重たいテーマにぶち当たってしまう可能性があったりします。そのつもりで、少しだけ自身の本音とも真剣に向き合うつもりで、ここから先を読み進めていってください。

最初にくれぐれも押さえておいてほしいことは、**「パトス」アプローチは機械的に無感情でやるようなものではない**という点です。

これは、このあとすべての項目に適用するべき「パトス」編最大の前提となります。シ

ラケたノリで、斜に構えて、他人事のように話すだけでは、相手の心に響かせることなど絶対にできません。

「パトス」とは、「パッション＝Ｐａｓｓｉｏｎ＝情熱」の語源です。

自分自身が心の底から、本当に大切だと思っていることを真摯に、真剣に話さなければ、「Ｗｈｙ」から始めても「ロゴス」アプローチ以上の効果は期待できない。

この点に関して、復習を兼ねて【Pathos2-1】で学んだ「火風水土」の本質で説明すれば、「Ｈｏｔ＝活動的」な「風」や「火」のパーソナリティの人は、これから紹介する方法を試しやすく、また実感もしやすいと思います。

きっとお気に入りの技法になるはずです。楽しく極めていってください。

一方、「Ｃｏｏｌ＝内向的」な「水」や「土」の人は、ちょっとハードルが高いと感じているかもしれません。

しかし、私も「土」タイプなので声を大にして言いたいのですが、**「内向的＝本音、心の叫び、志レベルのＷｈｙがない」**というわけでは決してありません。

「静かな情熱」と言いますか、落ち着きつつも力強く、１つ１つ言葉を選んで丁寧に話していけば、情感をこめることは十分に可能です。

私は話すスピードもゆっくりですし、派手なジェスチャーもしません。

それでも受講者アンケートでは「アツい想いを感じた」「熱心にご講義頂き心打たれました」といった感想を数多くもらいます。

それでもまだ、「うーん、正直これは苦手だな」となっているのであれば……。

これも冒頭の【Pathos2-1】の話を思い出してください。まさに、こういったところこそが、「ＡＩにはマネできない領域」なのではないでしょうか。


ＡＩは「情熱的か冷めているか」の以前に、そもそも感情がありません。

だからこそ、淡々と理屈を積み重ねて説明することは得意です。

ＡＩ時代のコミュニケーションは、シラケている場合でも、斜に構えている場合でも、他人事扱いしている場合でもありません。理路整然さや模範解答的な勝負なら、ＡＩのほうが圧倒的に有利だからです。

こういった時代だからこそ、**機械的な棒読みでしか伝えられないという状態からは卒業し、想いをこめて「Ｗｈｙ」を語れる人になっていきましょう。**

「できるだけ話さないですませたい」と感じている人であっても、「水」や「土」のタイプの人であっても、これは十分に可能です。

ただし、1つ大切な条件があります。

伝える対象（商品、サービス、会社、等）に、あなたの感情が動いているか？

私が「土」のパーソナリティなりにアツく「Why」を語れる理由は、それだけの想いをもって伝えたいことがあるからです。

商品やサービスへの「愛着」や、会社への「愛社精神」。そういったものがどれだけあるかによって、「Why」にこめられるパトスは決まってしまいます。

自社の製品やサービスを愛していない人、推しレベルになっているものがない人には、残念ながらこのアプローチを効果的に実践することはできないのです。

ここでまた1つ、大切な本質について凝縮した1行を追加させてください。

図25

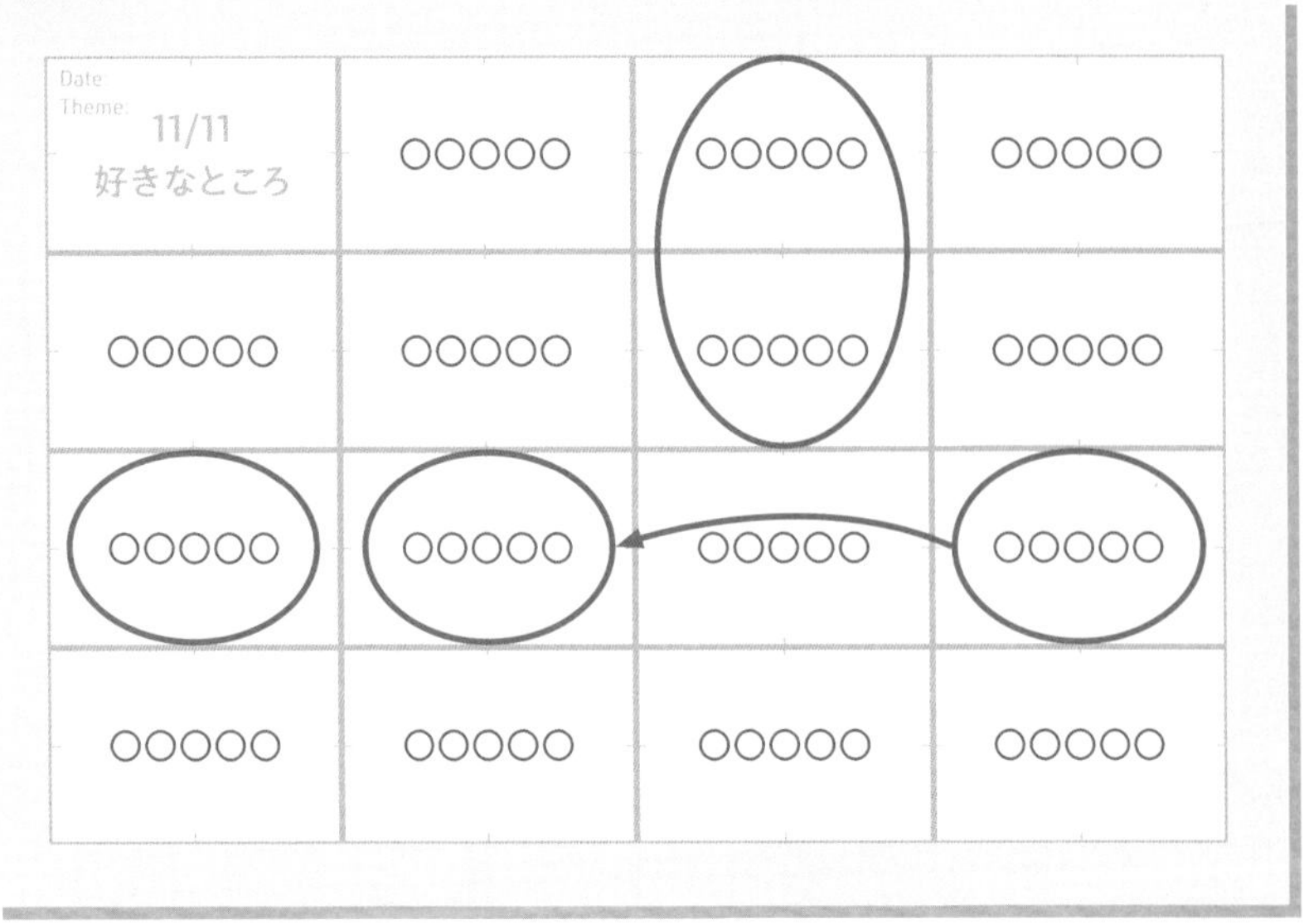

「共感」とは、「共に感じること」。

伝える内容に関して相手にもプラスの感情を抱いてほしいなら、**相手とプラスの感情を共にする自分のほうが、まずは伝える内容に好意や熱意といった感情的つながりを感じている必要がある**のです。

そこで、図25のような「紙1枚」を、伝える前にまず書いてみてください。

テーマにはとりあえず「好きなところ」と書いておきましたが、これは要するに「自社」「自社の商品・サービス」「伝えたいモノ・コト・場所」等、何でも構いません。その対象の「好きなところ、良いところ、推せるところ」を文字通り好きなだけ書き出してください。

「15個ではまったく足りない」というくらいに埋められれば、たとえ内向的なパーソナリティであっても「情感あるWhy」を伝えることは可能です。

一方、5個くらいで早くも打ち止めになってしまった人は……。

どうしてもそのテーマについてアツく語る必要があるなら、まずは対象への愛着やつながりを深めていくこと。これが最優先課題です。

せめてこの「紙1枚」が全部埋まるくらいには、詳しくなっていってください。

もう少し極端な言い方をすれば、**このPART2全編を通じて重要なのは、圧倒的に「スキルよりもスキ（好き）」**です。伝える側にあふれる想いがないうちは、ただAIのように無機質に理由を伝えているだけになってしまいます。

「できるだけ話さないですませたい」と感じている人が、そうした**本音を乗り越えてでも、それでも伝えたいと思えるだけのメッセージ**があること。

これこそが、「パトス」の最大の源泉なのです。

表面的に明るいかとか、エネルギーレベルが高いかといったことは関係ありません。パーソナリティも問いません。くれぐれもこの点だけは誤解しないでください。

最後に1つ、ちょっと重ための話ですが大切なので触れておきます。

この項目も、実際に書いてもらう「紙1枚」自体はシンプルでした。

ただ、もしまったく埋められない状態にもかかわらず、その商品やサービスの営業職をやっているのだとしたら……。

それは単に「パトス」アプローチが使いこなせないだけの話ではありません。

AI時代のキャリアとして、根本的に見直しが必要なのではないでしょうか。

想いなき伝え方しかできないなら、それはもうAIに任せてしまったほうがわかりやすい。そんな時代がもうすぐそこまで来ているからです。

つまり、この項目で書いてもらった「紙1枚」は、人によっては「転職したほうが良いかも」といった結論にすらなり得てしまう。そんな深い思考整理機会なのです。「ロゴス」編の【Logos1-4】「相手の既知を知る」の項目でも似たような話をしましたが、入り口が気軽だからといって適当にやるのではなく、ぜひじっくりと真剣に向き合うようにしてください。

私としては、2023年の秋というタイミングでこの本を上梓する以上、新時代の「伝え方」本のスタンダードにしたい！　という気概でここまでずっと書き綴ってきています。「今だからこそ」という「Ｗｈｙ」も味わいつつ、引き続き読み進めていってもらえたら嬉しいです。

さて、以上の下準備を踏まえて、いよいよ次が総仕上げとなります。
キーワードは「**Why! Why! Why!**」です。

Pathos 2-5

伝える前に、「なぜを3×3回」繰り返す

この項目で紹介する「紙1枚」については、前の【Pathos2-4】を通じてアツく語りたくなったテーマ限定でやってほしいと思います。そうでないと、そもそも全部埋めること自体が難しく、効果も実感しにくいはずです。

さっそくですが、181ページの図26のような「紙1枚」を作成してみてください。この例は、私自身が「1枚」フレームワークの魅力を語る際にベースとしているまとめです。一見すると、PART0やPART1で紹介した「What」「Why」「How」3つの疑問を解消するタイプの思考整理と同じに見えるかもしれませんが、緑ペンのところを注意深く読み込んでみてください。

今回は、**3つの疑問がすべて「なぜ〇〇？＝Why」**になっています。

「心に響く伝え方」の本質＝「Ｗｈｙを語ろう」なわけですから、「Ｗｈｙ！　Ｗｈｙ！　Ｗｈｙ！」と3つたたみかけることで、**内容以上に凄みや勢い、想いの強さ・本気度といったものを伝えていきたい**のです。

さて、「なぜ、今この時代にこそ必要なのか？」「なぜ、社会人教育の分野において必要なのか？」「なぜ、私はこの方法を広めていきたいと考えているのか？」等々、ひとくちに「Ｗｈｙ」といっても、実は様々な切り口があり得ます。

たとえば、1つ目の「なぜ？」は「今この時代＝**時間軸**」です。

その中でも「現在」にフォーカスして書き出した質問文になります。

当然ながら、「過去」と「未来」でも同じようなことが可能です。

- **現在：なぜ、「今こそ」必要なのか？**
- **過去：なぜ、「かつては」重視or軽視されていたのか？**
- **未来：なぜ、「これから」大切にしていかなければならないのか？**

図26

Date: Theme: 11/11 なぜ「紙1枚」?	なぜ「今」こそ「紙1枚」が必要なのか?	なぜ「社会人教育」にこそ「紙1枚」?	なぜ「私」は「紙1枚」を伝えていきたいのか?
P1?	情報洪水の時代 ↓ 思考整理力が必須のスキルに	もともと日本には、「書き出す」「1枚」「シンプル」といった「紙」文化あり	灯台下暗し: 日本が世界に誇るトヨタの思考整理力 =「1枚」にまとめる
P2?	思考整理のカギは「書き出すこと」 But 潮流はペーパーレス	「SDGs」「AI」等で紙に書く=オワコンという固定観念が蔓延	しかし、トヨタ外でその本質について学べる環境は皆無
P3?	あれもこれもと翻弄 ↓ 主体性なく生きざるを得ない人が急増	紙に書いて考える力を磨いた人でないと紙なしレベルには対応できない	仕事やキャリア・人生に必須の力として身につけてほしい

あるいは、2つ目の「なぜ?」は「フィールド=**空間軸**」となります。

例では「社会人教育」という特定の業界に絞って書いていますが、範囲を狭めたり拡げたりすれば、様々なバリエーションで「Why」を語ることが可能です。

- **業界:なぜ、「社会人教育」の世界において必要なのか?**
- **会社:なぜ、「御社だからこそ」必要なのか?**
- **地域:なぜ、「日本でこそ」必要なのか?**

最後に、3つ目の「なぜ?」は「私=**人軸**」で考えました。
これも色々と可能なのですが、3つだけバリエーションを挙げておきます。

- **自分:なぜ、「私は」これを広めたい、伝えたいのか?**
- **相手:なぜ、「あなたが」これを活用したほうが良いのか?**
- **世代:なぜ、「Z世代」こそ、これを学ぶべきなのか?**

このように**「時間軸＝When」「空間軸＝Where」「人軸＝Who」**という馴染みのある3つの軸・疑問詞を活用することで、拍子抜けするほどカンタンに「Why」のバリエーションを増やすことが可能です。

本書ではここまで一貫して「What」「Why」「How」の3つの疑問詞のみを推してきていたので、「5W1Hの残りの3つはどうしたんだろう？」と疑問に思っていた読者さんもいたかもしれません。

私の答えは、あくまでも主力・スタメンは「What」「Why」「How」です。

一方、このメインの2W1Hを支えるスーパーサブとして、残りの3Wを活用していく。少なくとも私自身は、**「わかるかどうか？」ではなく「使えるかどうか？」という観点で、5W1Hをこうやってメインとサブに分けて役立てています。**

自分なりにこうした整理整頓を見出してからもう20年近くになりますが、この捉え方で困ったことは一度もありません。

むしろ、「こうやって自分なりに仕分けしておいて本当に良かった」という実感が年々深まるばかりです。

一方で、この業界で仕事をするようになって10年以上経ちますが、5W1Hを呼吸のように使いこなせているビジネスパーソンにあまりお会いしたことがありません。もちろん皆さん5W1Hについて知ってはいるのですが、どれか特定の疑問詞に偏って使いこなしている人ばかりというのが、社会人教育の実態です。

どうか、ひとりでも多くの方に、この活用法を身につけてほしいと願っています。

さて、あとはこの「紙1枚」を携えて「内容より想い」で伝えていきましょう。

前の項目を通じて、本音レベルで伝えたい、広めたい、届けたいと思っているテーマになっているのであれば、この「紙1枚」に沿って話すだけでも、相手の「パトス＝感情・共感」に効く語り口になっていくはずです。

シチュエーションにもよりますが、今回のように「パトス」重視で伝えたい時は、PARTOの【Base0-7】で学んだ**PowerPointスライド方式での「見せて」伝えるが有効になります。ビジュアル・エイドの力も最大限に有効活用**しながら、自分なりに一所懸命に伝えていってください。

それと、「パトス」編でのコミュニケーションは、習得という面だけでなく単純に所要時間という意味でも、「ロゴス」編に比べて時間がかかります。

今回の「紙1枚」について情感をこめて丁寧に伝えた場合、少なくとも3分以上はかかると思ってください。それでも、伝える前に何の準備もせずに語った時と比べれば、時間ははるかに短くなるはずです（なお、この「紙1枚」について語っている動画も、「実践サポートコンテンツ」を通じて確認できるようにしておきます）。

以上、「ロゴス」編よりは時間もかけつつ、まずは相手の感情に響かせ、共感を得ていく。そのうえで、PART0やPART1で学んだ「What」や「How」の要素も、必要に応じて付け足して伝えていきましょう。

そうすれば、「頭にはわかりやすく」かつ「心にも響く」伝え方が両立可能です。

ただし、再度念押ししておきますが、まずは「推せるか」問題をクリアしている必要があります。普段、社会人教育の現場で多くのビジネスパーソンと関わっていると、そもそも感情レベルで仕事にコミットしているような人が少ない……。正直、そのように感じてしまうことがよくあります。

なので、この項目の内容はハードルが高いと感じた人もいるはずです。

それでも、そんな自分に向き合う機会として、ぜひ前向きに捉えていってください。繰り返しになりますが、ＡＩ時代のコミュニケーションは「スキルよりスキ」です。推せるほど愛着ある商品やサービス・仕事内容だからこそ、心に響く伝え方が可能になります。

何より、そうした伝える力こそが「わかりやすいだけ＝生成ＡＩレベルの説明」を乗り越える源泉になっていく。どうか、こうした時代性の部分も見据えて、できることから少しずつ取り組んでみてほしいと願っています。

さて、「Ｗｈｙを語ろう」の話はこれで終了です。

次の項目は、おそらく本書の中で最もカンタンな内容になります。ただ、シンプルなメッセージだからといって、あっさり通過しないでください。

どうか「わかっているか」ではなく「できているか」という観点で読み進めていってほしいと思います。キーワードは、「**冗長上等！**」です。

Pathos 2-6

伝える前に、「繰り返し方」を設計してみる

突然ですが、次男は、『パウ・パトロール』というアニメが大好きです。

ただ、我が家では基本的にテレビはほとんど見せていません。外出時に静かにしていなければならない場面等、必要に迫られた時のみというのが実態です。

それでも、ときおり無性に見たくなることもあるようで、唐突に「パウ・パトロール見たい」と言ってくる時があります。

当然ながら、私の答えは「NO」です。そこで、彼はどうしたか。

残念ながら、次男は本書『「伝える前」が9割』を読んでいません。

心の底からパウ・パトロールを欲している、推せていることは明らかなので、あとは「なぜ今なのか」「なぜ明日じゃダメなのか」「なぜきかんしゃトーマスではなくパウ・パトロールなのか」等々、「Why」に乗せて想いを語れば良いだけなのですが……。

この本質を知らない場合、人はどんな手段に出るのか。

「パウ・パトロール見たい」「パウ・パトロール見たい」「パウ・パトロール見たい」「パウ・パトロール見たい」「パウ・パトロール見たい」「パウ・パトロール見たい、です」

彼が採用した伝え方は、**「繰り返す」**でした。

ただ、途中で限界を感じたのか、彼は6回目にして「パウ・パトロール見たい、です」と言って、言葉遣いを自分なりに丁寧にするという工夫を繰り出してきたのです。

もし本書が幼児向けの本なら、「伝える時は繰り返す、でも5回繰り返してもダメだったら、愛嬌たっぷりに〝です〟と付け加えてみる」と言ってノウハウ化していると思います。実際、これで9割の親は、根負けして見せてしまうはずです。

さて、「なぜ急にこんなエピソードが始まったのだろう」と感じた人も多いと思いますが、この体験談には「コミュニケーションに関する大変重要な本質」が内包されています。

改めて思い出してみてください。何か切実に伝えたいことがある時、人はどうやってその想いや本気度を表現するのか。

繰り返す。

これが、最も原初的な「心に訴えかける伝え方」だということを、幼児の言動から再確認しておきたかったのです。

前の項目では〝「Ｗｈｙ」を繰り返すこと〟の重要性について学んでもらったわけですが、「Ｗｈｙ」を伝えればより効果的だと言っているだけで、同じくらい「繰り返す」というメッセージのほうも重要なのだと認識しておいてほしい。

これが、この項目で持ち帰ってほしい最大の学びです。

というのも、「伝わらないんです……」というコミュニケーションに関する相談を受ける際、私はよく次のような質問をします。

「そうですか。１つ確認したいのですが、そもそも何回伝えましたか？」

誇張でも何でもなく、9割の答えが「1回だけ」です。

1回伝えてみて、それでダメだったらすぐに諦めてしまう。ひどい場合、「相手が悪い」と言って他責モードにすらなってしまう。心当たりはあるでしょうか。

会社の方針や新しいルール、決定事項等を周知させるような業務を担当したことがある人もいると思いますが、「一斉メールを1回送信して、説明会を1回やって、1on1を1回実施しておしまい」ということになっていないでしょうか。

伝えたい大切なことがあるなら、「冗長を厭わず何度でも」伝える。

これが、前の項目の最後に書いておいた「冗長上等！」の意味です。

実際、私は本を出す時、メールマガジンの読者さん向けに最低でも10回以上はお知らせするようにしています。そもそも読者数が2万人以上いるため、誰もが毎回開封しているわけでもありません。なので、本当に毎日のように、場合によっては1日に何回も案内することだってあります。

今回の本に関しても、上梓の4カ月以上前から、「実は今週から新しい本を書き始めています、9月には出せると思いますのでお楽しみに」「8割方書けました、もうすぐです」「初校ゲラがきました、確認頑張ります」といったメッセージを定期的に届け続けていたのです。

それでも、「新しい本が出ていたんですね、知りませんでした」ということを毎回のように言われてしまう……。

これが、コミュニケーションに関して私たちが直視するべき大切な現実です。だからこそ、「冗長上等！」の精神で「もうやり過ぎだろう」と自分では思ってしまうくらいの頻度で伝え続ける。

「回数・頻度といった量」で自分の心を表現し、相手の心に響かせていく。

これを基本動作として習慣化してほしいのです。

ただし、同じことを同じように繰り返しているだけでは、幼児と同じです。

大人の場合、最後に「です」と付けたところで何の愛嬌にもなりません。

一方で、私たちは子供と違って「伝える前」に効果的な準備をすることができます。どんな準備ができるのかといえば、次の3つです。

- **「媒体」を変えて、繰り返す**
- **「表現」を変えて、繰り返す**
- **「期間」を長めに確保して、繰り返す**

1つ目が、おそらく一番カンタンに試せる方法です。

対面で、オンライン会議で、動画、メール、チャット、資料も付けて、等々。

同じ内容でも、伝える媒体が変わることで相手の受け取る印象は変わります。

以前、私の本を電子と紙の両方で読み比べてくれた読者さんがいて、「別の本かと思うくらい異なる読書体験になった」というメッセージをくださいました。

内容が一緒である以上、「ロゴス」レベルでは同じ理解に至れるはずですが、「パトス」という心理レベルでは違った印象や感想になってしまう。

こうした観点からも、私は**「実践サポートコンテンツ」という別の媒体を用意**するようにしています。ぜひ積極的に活用してください。

多様な「繰り返し」は、媒体を変えるだけで実践できる。カンタンにできる手法なので、ぜひ試してみてください。

2つ目の**「表現を変える」**については、前の項目で学んだ「Ｗｈｙ！　Ｗｈｙ！　Ｗｈｙ！」の「紙1枚」で多面的な繰り返しが可能になります。

あるいは、ＰＡＲＴ1「ロゴス」編【Logos1-3】で学んだ「生成ＡＩとは？」の「紙1枚」もほぼそのまま使えると思ってください。

テーマ欄に緑ペンで「自分の伝えたいメッセージ」を書き、青ペンで埋めながら「別の表現に変換」していくのです。

ただ、「ほぼ」と書いたのは、今回は「単語」ではなく「メッセージ」単位になるので、フレーム数8個のほうが埋めやすくなる点を補足したかったからです。

次ページの図27のようなイメージで作成してみてください。

図27

Date. Theme 11/11 メッセージ： 新刊でます！	秋発刊ですが 黄信号です…	ゲラ確認まで こられました！	表紙発表！
出版が 決まりました！ これから 書き始めます	ようやく壁を 突破しました！	タイトル発表！	正式に発売日 決まりました！

最後の３つ目は、**「時間を変える」**です。先ほどの書籍告知の例であれば、私は４カ月以上前からメッセージ発信をスタートさせていました。

では、どうすればこうしたタイミングから「繰り返し」を開始できるのかと言えば、カギは「ダンドリ力」です。具体的には、これもＰＡＲＴ１の【Logos1−8】で学んだ「プロセス」思考の「紙１枚」がほぼそのまま使えます。

図28のように、各プロセスに時間的な目安を赤ペンで書き込んでいってください。そうすれば、「業務プロセス」の「紙１枚」を、そのまま**「業務予定・ダンドリ」の「紙１枚」**として再活用できます。

図28

Date: Theme: 11/11 業務プロセス： 出版			
Start →	1 ～GWまで 仕入れ インプット	2 ～5月まで 執筆	3 ～8月まで 製本
4 9月～ 配本	5 9月～ 販売 プロモーション	6 9月～ 読者フォロー 実践サポート	7 11月～ 発展学習 機会の提供
8 ○○○○○	9 ○○○○○	10 ○○○○○	→ Goal

あとは、「それぞれのタイミングでどんなメッセージを届けられるかな？」と伝える前に考えていけばOKです。

ちなみに、こうしてできるだけ時間スパンを長めにとって繰り返せば、各告知の期間が空く分、「くどい」「うるさい」「いい加減にしろ」といったネガティブなリアクションをもらうリスクを軽減できます。ただ、こういった「好感」についてはPART3の「エトス＝意志・信頼感」編のほうで詳しく解説したいので、とりあえずこれ以上フォーカスはあてません。

「パトス」編として重要なのは、**「繰り返す＝熱意の体現」**のほうです。

どうか「冗長上等！」を優先して取り組

んでください。

とはいえ、そうは言っても「できるだけスマートに繰り返したい」と思うなら、「早い段階からの着手」がマストです。

その一助として、今回のような「紙1枚」も、伝える前に（この場合は直前ではなく、できるだけ前に）作成するようにしてみてください。


以上、「たかが繰り返す、されど繰り返す」です。

とにかく誰もが、「圧倒的に伝える頻度＝貪欲さが足りない」ということについて、この項目を通じて少しでも感じ取ってもらえることを願っています。


さて、次からはいよいよ**「パトス」編のメインディッシュ**に入ります。

キーワードは、ちょっと強烈な言葉ですが「**欲望**」としておきましょう。

いったい「パトス」と「欲望」にどんな関係があるのか。お楽しみに。

Pathos 2-7

伝える前に、「物語」を紡ぎ出す

PART1の「ロゴス」編では、そもそも論として**「わかるとは何か?」についてわかってみる**というアプローチをとりました。その本質をつかむことで「あれもこれも100%説明しようとする必要なんてないんだ」ということについて、それこそわかってもらえたのではないかと思います。

では、「パトス」編における「心に響く」とは何なのでしょうか。

すでに【Pathos2-4】において、「共感とは、共に感じること」という定義は紹介済みです。だからこそ、「まずは自分自身の感情が動いていることが重要だ」という本質をつかむこともできたと思います。

このように、現実に活かせる・使える話につなげていけるのであれば、そもそも論にも価値を見出していけるのではないでしょうか。

では、いきましょう。**「感情」とは何か。**

とはいえ、本書は哲学の本ではないので、深く解説するつもりはありません。

実際、アリストテレスの『弁論術』を紐解くと、感情について14種類も解説されていたりします。確かに細かく分類されることで理解は深まるのですが、当然ながら覚えるのは大変です。実用性を重視するビジネス書としては、このままでは現実的ではありません。

そこで本書では、私なりに見出している本質を1行でシンプルに提示し、さっそく伝え方の実践のほうに移っていきたいと思います。

感情とは、「欲望」である。

一応1冊だけ、参考文献として『新・哲学入門』（竹田青嗣著、講談社）を挙げておきます。

といっても、この本にダイレクトにそう書いてあるわけではなくて、竹田先生の欲望論哲学等に多大な影響も受けつつ（そのままズバリ『欲望論』という大著もあります）、実用性重視で私なりにまとめ直した1行ということでご理解ください。

厳密性を重んじる読者さんは、こうやって実用性重視で積極的に単純化していく本書のスタンスに違和感を抱くかもしれません。私自身、古典的名著を日々愛読している活字中毒者ですし、現実はシンプルではなく複雑精妙であることも重々承知しています。「ちょっとこれはいくらなんでも単純化し過ぎだな」と、自分でもツッコミを入れながら本を書いてしまっているのが実態です。

それでも臆せずシンプル化を試みる理由は、ビジネス書である以上、多くの読者さんに役立ててほしいから。この1点に尽きます。

まずは、学んだことをとにかく使ってもらって、ビフォーアフターを体感してもらう。その後、学びの原典にあたる書籍にも触れてもらうことで、古典的名著への扉を結果的には新たに拓くことができる。そんな読書体験や学習機会につながっていくことを願って、毎回できる限りの創意工夫を施して書いています。

少し余談めいたことを書いてしまいました。「感情とは欲望である」の解説に戻ります。

「快・不快」であれば「気持ち良くなりたい、気持ち悪いものを避けたい」。

「喜・怒・哀・楽」なら「喜びたい、怒りたい、悲しみたい、楽しみたい」となります。

いずれも、その根本には**「〇〇たい」という欲望**があるわけです。


加えて、「ロゴス」編の【Logos1-5】で実践してもらった「和・漢・洋」の言い換えトレーニングを、ここで実践してみたいと思います。

「欲望」という「漢」を「和」的に言い換えるのであれば、**「満たされないを満たしたい」**。

これをさらに「洋」に変換すれば、要するに**「ビフォーアフター」**となります。これが一番わかりやすいですね。

というわけで、本書では**「感情とは、ビフォーアフターである」**という捉え方で、これから「心に響く伝え方」に役立てていきたいと思います。


なぜ、私たちはストーリーに魅了されるのか。感動するのか。

なぜ、私たちはスポーツ観戦をしていて興奮・感激するのか。

なぜ、私たちはライザップのＣＭが気になって仕方がないのか。

本書ではその答えを、「そこにビフォーアフターがあるから」と捉えます。であるならば、「Whyを語る」「繰り返す」に続く「パトス」編第3の技法が見えてきます。次の1行を、ぜひ覚えてしまってください。

相手の心に響かせたいなら、伝える前に「ビフォーアフター」を考える。

より正確に言えば、**「ビフォー」と「アフター」、そのビフォーアフターをどうやって成し遂げたのかという「How」の3点セット**です。

この3つをちりばめて伝えることができれば、私たちは相手の感情面に作用するような伝え方が可能になります。

こうまとめておけば、物凄くシンプルに活用できるのではないでしょうか。

たとえば、前の項目で紹介した次男のエピソードのベースには、図29のような「紙1枚」がありました。5分ほどでカンタンに作成できます。

図29

Date Theme 11/11 Road to PAW	Before？	After？	How？
P1？	パウ・パトロールが見たい	最初はNO	繰り返す
P2？	そもそも普段TVはNG	最終的には見られた！	「です」と丁寧にしてみる
P3？	このままでは見られない	○○○○○	愛嬌マシマシで言ってみる

今回は「ロゴス」編において「What」「Why」「How」だった場所に「Before」「After」「How」と書かれています。

同じようなフレームワークで、ロジカルにもエモーショナルにも伝えられる準備を、伝える前に短時間でできてしまう。

あっけなさ過ぎてなかなか価値が伝わらないかもしれませんが、「使えるか？」という観点で捉えてもらえれば、これは物凄く画期的なスキルだと思うのですが、いかがでしょうか。

もう1つ、別の例を挙げてみます。

私は元々、コミュニケーションが苦手でした。

内向的な性格で、何でもできるだけ話さないですませようとしてしまいます。

そんな私が、今ではこうやって数百人の前で話す仕事をさせてもらっています。200ページ以上の本を10冊出すくらい、文章でもいくらでも語れるようになりました。当時の自分からは考えられないことですが、個性的な人たちと対談し、会話を楽しむこともできています。


いったいどうやって、伝えることが苦手な状態を脱したのか。

そのヒミツは、「伝える時」ではなく「伝える前」にあります。

「伝える前」に「紙1枚」レベルに伝える内容をまとめていく。そうした思考整理の習慣を、私はトヨタで働きながら身につけました。

あるいは、思考整理した結果を「見せる」ようにして伝えれば、最小限の説明で効率的に伝わるということも学びました。

加えて、こうした日々を積み重ねていく中で、しだいに「紙1枚」にまとめなくても、いつでも、どこでもコミュニケーションができるようになっていきました。「紙1枚」にまとめ続けた結果、「紙0枚」でも大丈夫な伝える力を身につけることができたのです。

他ならぬ自分自身がこのような目からウロコが落ちる体験をしたからこそ、同じ悩みを抱えている人たちに「伝える前」の重要性について気がついてほしい。

これが、『「伝える前」が9割』を上梓するにあたっての、私の一番の想いです。

「なぜ、私がこの本を書いたのか?」という「Why?」を、「Before」「After」「How」の3点セットで語った例です。もちろん、適当に話しているのではなく、「伝える前」に次ページの図30のような「紙1枚」を作成しています。

ビジネス書の世界には「ストーリーテリング」「ナラティブ」「物語る力」といったジャンルもあるのですが、読んでみると実践のハードルが高いものばかりです。

だからこそ、この「紙1枚」を開発しました。この方法なら、誰もが気軽に試せるレベルに達しているのではないでしょうか。

図30

Date Theme 11/11 伝え方が9割	Before？	After？	How？
P1？	コミュニケーション が苦手	数百人レベルの 講演も平気	トヨタで学んだ 伝える前に 「紙1枚」習慣
P2？	性格は内向的	200ページ以上× 10冊本を 書けるほど語れる	見せれば話は 少しで伝わる、 しかも最短効率
P3？	できるだけ 話さないで すませたい	凄い人たちとの対談 も楽しめるように	しだいに「紙0枚」 でも大丈夫に

自身が伝えたいメッセージについて、この「紙1枚」で気軽に、楽しく、エピソード形式で物語ってみてください。

物語とはビフォーアフター、「満たされない」が「満たされる」までのお話です。人は欲望が満たされる話に触れることで、感情が動きます。

心に響く伝え方＝物語る力を、これから身につけていきましょう。

さて、次の項目は「物語る」伝え方に関する補足的な内容です。

キーワードは、「**物語れるような体験なんてないのですが**」。

Pathos 2-8

伝える前に、「物語れる事例」を増やす

この項目は、前の項目の補足です。

伝える前に、「Before」「After」「How」の3点セットでエピソードをまとめて語る。そうすれば、相手の心に響く伝え方ができる。

とはいえ、「そんな体験、自分にはないですし、あっても語りたくないです……」と感じた読者さんも、きっと数多くいるのではないでしょうか。

そう思う気持ちはよくわかります。そもそも「できるだけ話さないですませたい」が前提にあるわけですから、当然の感情です。私もかつては、自身の体験を語ることに恥ずかしさや抵抗がありました。でも、安心してください。

だったら、**他社や他者の事例で話せば良い。**

図31

Date 11/11 Theme TONIKAKU 水平展開	Before?	After?	How?
P1?	安心してください、穿いてますよ	イギリスの超有名番組に出演	水平展開
P2?	一度は話題沸騰も基本的には初見限定の芸	日本人として初の決勝進出	カギはローカライズ
P3?	ブレイクするも…	辛口審査員が実質優勝と話すほどの大絶賛	新天地を探そう

そう捉えれば、少し気持ちも楽になるのではないでしょうか。

たとえば、今この原稿を書いている最中に、お笑い芸人のとにかく明るい安村さんが歴史的な快挙を達成しました。そのことを「紙1枚」にまとめてみたのが、図31です。

「そんなことやっても良いんだ」となっている人もいるかもしれませんが、私にとっては基本動作です。そしてあなたにも、これからそうなってもらいたいと思います。そうすれば、「できるだけ話さないですませたい」人であっても、物語る力は十分に習得可能です。楽しく参考にしていってください。

さて、何も知らない人にこの事例を伝えるには色々と限界もあるのですが、私なりにとにかく明るく頑張ってみると……。安村さんはパンツ一丁で舞台に立ち、あたかも何も穿いていないかのようなポーズを取ることで笑いを取る芸人さんです。

決め台詞は「安心してください、穿いてますよ」で、2015年に大ブレイクした際は、その年の流行語大賞にもランクインしました。ただ、基本的には一度ネタを知ってしまうと同じ構造の繰り返しになるため、どうしても飽きられやすい運命にあります。

ところが8年たった今年（2023年）、安村さんは再び「時の人」となりました。世界的にも有名なイギリスのオーディション番組『ブリテンズ・ゴット・タレント』に出演し、日本人初の決勝進出を果たしたのです。

残念ながら優勝は逃しましたが、辛口で知られる審査員のサイモンが、「この番組では優勝者を英国王室に紹介しなければならない。キミは番組史上最も面白いと思うが、国王には会わせられない」というコメントで安村さんを大絶賛。

「これはもう実質優勝じゃないか！」ということで大きな話題となりました。

図32

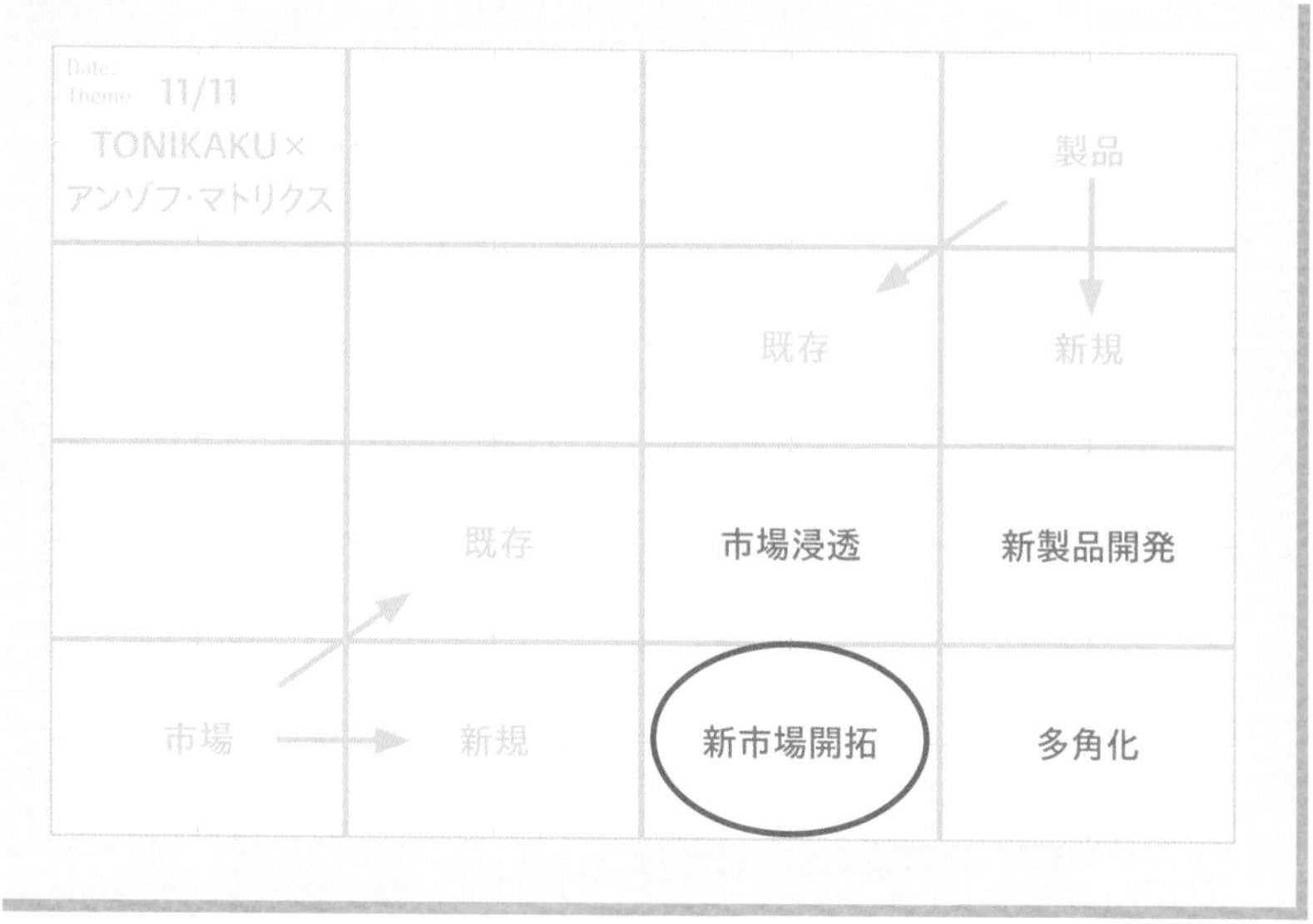

このストーリーを通じて、私たちは仕事で大切な学びを得ることができます。

もう1つ追加で、図32の「紙1枚」を見てください。

これは、ビジネススクール等で学べる有名な「アンゾフ・マトリクス」という知見を、「1枚」フレームワークの枠組みにトレースしたものです。スタート地点は青字の左上、「既存の市場」に「既存の商品」を売っている状態です。

安村さんの場合、回を重ねると飽きられやすいという芸の性質上、ずっとこのフィールドで安心しているわけにはいきません。

そこで青字の左下（赤丸で囲ってある部分）、すなわちイギリスという新市場に活路を見出しました。とはいえ、既存の商品そのままでは勝負できません。新規とは言わないまでも、適切なローカライズが必要です。安村さんはイギリス特有のネタ（乗馬、クリケット、００７等）にアレンジすることで、新市場開拓に成功したわけです。

それでも、残念ながらまだ安心はできません。

初見限定である特徴は変わらずなので、『アメリカズ・ゴット・タレント』等、さらなる新天地を求めてとにかく他地域に進出する流れになっていくと思います。

今後の活躍を刮目していきましょう！

以上、「アンゾフ・マトリクス」をこのようなカタチで解説できれば、面白く、楽しく、心にも響くようなカタチで学べるのではないでしょうか。

その際、必ずしも自分のエピソードをもってくる必要はありません。こうやって**ニュースや雑誌、本、映画やアニメでもＯＫなので、楽しみながらこの「紙１枚」に当てはめて「物語れる事例」のストックを増やしていってほしい**のです。

PART0「ベース」編で「1枚」フレームワークの導入を行った際、「青ペン＝カレーの材料が不足していたら、何もスタートできない」といった話をしました。

物語る力も同じです。エピソードのストックがなければ、相手の心にアクセスできるようなネタがそもそもないということになってしまいます。

まずは自分の好きなジャンルからで良いので、「紙1枚」エピソードの収集に励んでいきましょう。「できるだけ話さないですませたい」という本音を抱えていたとしても、自分が楽しく話せる事例なら、この項目の内容も試せるのではないでしょうか。そう感じてもらえれば嬉しいですし、1回でもうまくいく体験ができれば、一気に親近感も増していくはずです。

ぜひビフォーアフターを成し遂げていってください。応援しています。

さて、あっという間に「パトス」編も最後の項目となりました。

ラスト・キーワードは、「**完コピ**」です。

Pathos 2-9

伝える前に、「憧れの人」をトレースする

ここまで、ただ「わかりやすいだけ」の伝え方を乗り越え、相手の「心に響く」コミュニケーションのための本質＆技法をつかみ取ってきました。

「Why?」を「繰り返す」、「エピソード」で繰り返せるなら、なお良し。

これが、PART2の内容を限界まで圧縮した濃密な要約です。
あとはドンドン使っていきましょう！　ということではあるのですが……。
最後にもう1つだけ、「パトス」編に抵抗を感じている人がまだいるかもしれないので、そんな人たちのケアになり得る話をさせてください。

振り返ってみると、PART2の分岐点は【Pathos2-4】だったと思います。

内容は、「そもそも推せるか」でした。

相手の心を動かせるかどうかは、あなたの心が普段からどの程度動いているかで決まってしまう。「共感とは、共に感じること」といった話もしました。

ここでもし、「伝えたいほど、心動かされるモノ・コト・シゴトなんてないです」となってしまった人は……。ここまで来るのが少々大変だったかもしれません。

「繰り返す」技術の項目は気軽に試せると思いますが、その後の体験談や事例を「Before」「After」「How」で物語る部分については、やはり自分の感情が動いていたほうが、楽しんでやれたほうが良いといった話もしました。

そうです。この最後の項目でやりたいことは、相手の心を動かす前に、何かを伝える前に、**「あなたの心をどう動かすか」**。

そんなことができるのかというと、できます。

キーワードは、**「感化」**です。

先ほど、「共感とは、共に感じること」だと書きました。この話を、これまでとは逆の流れから捉え直してみましょう。要するに、こういうことです。

自分の心を動かすために、心が動いている人に触れて「感化」される。

そうすれば、自力ではなく他力によって、自分のハートに火をつけることができます。

1つ例を挙げてみましょう。以前、主宰する動画学習コミュニティで、とある有名な学者さんの名著を紹介する機会がありました。非常にキャラクターの濃い方で、本だけでなくユニークかつ情熱的な語り口による講演も大人気となっている人です。私も過去に何度か、その先生の講演を直接拝聴したことがあります。

講義動画を収録した当初は、いつも通り淡々と話をしていました。

しかし、本の引用文を何カ所かしゃべっているうちに、自分の話し方がだんだんその人に似てきたのです。加えて、話の内容も普段より感情があふれてしまい……。

収録内容を見直したら、色々と言い過ぎたり問題発言になりかねないようなことを口走ったりしていました。

泣く泣くボツにして撮り直したのですが、面白かったのが話し方や内容だけでなく、**普段より非常にエネルギッシュな自分が記録されていた**のです。

この例を通じて、少しイメージはわいてきたでしょうか。

たとえ自身のパーソナリティが内向的な「水」や「土」のタイプであったとしても、**魅力的な人に感化されたり触発されたりすることで、自分の（エネルギーレベルの）印象すら変わってしまうことがあり得る**のです。

この共感作用を、「伝える力」を高めるために活用していきましょう。

具体的には、**来たるべき「心に響く伝え方」が必要な時に備えて、日頃から伝える前に、自分の心を動かしてくれる誰かのスピーチやプレゼンをモノマネしてみてほしい**のです。

どういうことかというと、どうせ感化されるなら、あなたが憧れるプレゼンターや講演家に触れる。そして、繰り返しマネをすることで、ただ触発されるだけでなくその人たちの話し方自体をついでに身につけてしまってほしいのです。

完コピレベルで再現できるようになれば、もうそれだけで相当のスピーチ能力を開発することができます。

人選に迷うようであれば、図33のような「紙1枚」を書いてみてください。

実はこの実践、私が大学受験の時に毎日のようにやっていたことです。

当時は、いわゆるカリスマ予備校講師と呼ばれる人たちが各教科にたくさんいて、そこかしこで神講義が行われていました。

私は衛星放送を活用した映像授業で学んでいたので、カリスマ先生たちの神授業が自宅で見放題という環境でした。数々の授業に魅了されてしまった私は、問題集も解かずにひたすら授業をモノマネするという謎の勉強法を実践し始めたのです。自分のモノマネ講義を録音して再現度を確認するほどの徹底ぶりで、自分でもなんでそこまでして取り組んでいたのか説明できないくらい、とにかく当時はこの営みに熱狂・没頭していました。

その結果、大学に入る頃にはプレゼンが平気になっていましたし、今となっては教育者にまでなってしまったわけですから、人生何がどう転ぶかわかりません。

ともかく、内向的なパーソナリティにもかかわらず、大人数を前に余裕で話せるようになれた理由の1つは、高3の時のこの原体験にあります。

図33

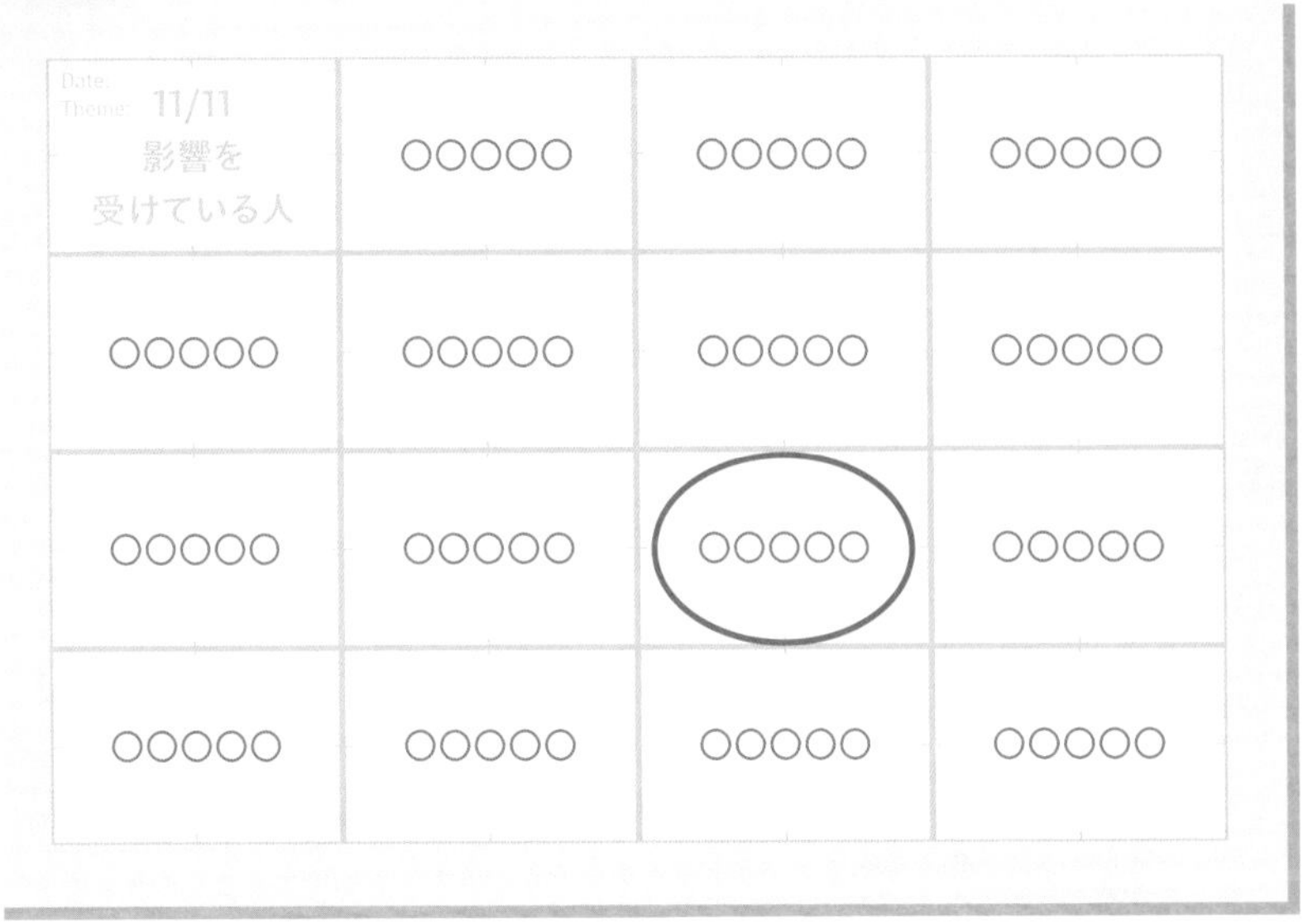

ちなみに、こうやって**録音・録画して自身の伝え方を客観視することも、伝える力向上において極めて有効な基本動作**です。

ただ、これを実際にやってくれる人はほとんどいないので、そこまで強くオススメするつもりはありません。最低限やってほしいことは、モノマネです。くれぐれも楽しみながらやってください。そうすれば、心が動き出します。

以上、**凝り固まった心をほぐすのは、自分自身ではなく自分以外の誰かとの出会い**だとの確信から、最後にこういった話をさせてもらいました。

伝え上手の人にはおそらく例外なく、過

去に強烈に憧れ、その身振り・手振り・話し振りを思わずマネした人がいるはずです。

あなたもぜひ、「伝え方」の師匠・メンター・ロールモデルのような人を見つけてみてください。めいっぱい憧れて、そのすべてを完コピしようとしてみてください。

そうすれば、あなたの心が今よりもさらに動き出します。ついでに、スピーチやプレゼンテーションの能力も向上するはずです。

その状態で改めてこの「パトス」編を読んで試してくれれば……。今とはまったく異なる次元で使いこなせるようになっていきます。

短期というよりは中長期的なアドバイスになってしまいますが、間違いなくプラスになるアクションです。少しずつ活用していってください。


さて、これにてPART2「パトス」編も完了です。

ここまで読み進めてくださって本当にありがとうございます。

いよいよ次からは最後の「エトス＝意志・信頼感」編。

最初のキーワードは「**信じてはいない、安心してるだけだ**」です。お楽しみに。

伝える前に、「小さなチャレンジ」を楽しむ

大学時代の2002年、カナダのバンクーバーに留学していました。

当時の私は、世代的にいわゆるJポップしかほぼ聴かないような状態でしたが、海外で暮らす以上は多少なりとも洋楽にも触れておきたい。そう思い立って友人に相談したところ、彼は2枚のアルバムを貸してくれました。

1つは、バックストリート・ボーイズの『Greatest Hits-Chapter One』、もう1つはサヴェージ・ガーデンの『AFFIRMATION』でした。圧倒的に有名なのは前者ですが、私が心惹かれたのは後者の方でした。

どのくらい魅了されたのかというと、20年以上経った今でも、というより今まさに、本書を執筆しながらBGMとして『AFFIRMATION』を流しているほどです。

特に、アルバムタイトルにもなっている1曲目の『Affirmation』がお気に入りでずっとリピート再生していたのですが、ある時ふとインスピレーションが飛び込んできたのです。

ぜひこの機会に一度聴いてみてほしいのですが、『Affirmation』の歌詞は最初から最後まで、AメロもBメロもサビもすべて「I believe ○○」で統一されています。当時、「英語の

歌詞だとこんな楽曲が成立するんだ！」となって衝撃を受けたことが、今もこうして聴き続けることにつながっている。改めて、物凄く心が動いた音楽体験だったのだと思います。

さて、この辺りで気づいた人もいるかもしれませんが、**本書の見出しがすべて「伝える前に○○」となっているのは、『Affirmation』にインスパイアされたから**です。

今回は、『「伝える前」が9割』というタイトルが先に決まっていました。

「この書名で本を書くとしたら？」という問いを立ててトコトン考え抜いた結果、私は**「『できるだけ話さないですませたい』と本音では感じている人たちを全肯定するような、伝え方の本を書きたい」**と心に決めました。

「肯定」、英語で言えば**「アファメーション」**。というわけで、この方針を最後までブレずに貫くべく、執筆時のBGMをサヴェージ・ガーデン（と解散後にソロ活動を続けているヴォーカルのダレン・ヘイズ）の楽曲で固定することにしたのです。

そうやって『Affirmation』をヘビロテしているうちに、今回のもくじアイデアが心に飛び込んできて……。気づけばここまで書き進めることができました。

さて、各PARTの幕間はコラム的な位置づけなのでこんな息抜き的な内容になっていますが、実はこれも立派な「パトス」アプローチです。

もっと言うと、次の「エトス」アプローチともクロスオーバーしていきます。

ここまで読んでみて、もし『Affirmation』を知っている人がいれば親近感を抱いてくれたのではないかと思います。同世代なら「懐かしい」とも感じたはずです。あるいは、執筆の舞台裏を知れて「面白い」となっている人もいるでしょう。

一方、何も感じず淡々と読み進めている人や、どちらかというと斜に構えて冷めた感じの人もいるとは思います。もちろん、全員には伝わりません。

それでも、ちょっとしたチャレンジをコツコツ積み重ねていけば、ひとり、またひとりと、心動かされる人は確実に増えていくはずです。

挑戦=困難な壁に挑む姿に、私たちは感動します。

とはいえ、そんなにハードルを上げて捉える必要はありません。

些細な取り組みでも、そこにちょっとした挑戦=ビフォーアフターの要素があれば、心動かされる人は現れます。

すべての歌詞を、「I believe ○○」にしてしまう。すべての目次を、「伝える前に○○」で統一してしまう。

何よりもまず当人が、こういった小さなチャレンジを心から楽しむこと。個人的なこだわりや意義も思いっきり見出しながら、全力で日々挑戦していきましょう。

そうすれば、人の心に響くような伝え方を、もっと気軽に、もっと楽しく体感できるはずです。

というわけで、最後のＰＡＲＴも**「伝える前に○○」を貫く挑戦**は続いていきます。

「なるほど」「そうきたか」「いや、さすがにちょっとそれは強引では」等々、引き続き楽しみながら、最後まで見届けてもらえましたら幸いです。

PART 3 Ethos

伝える前が9割
「信頼感＝エトス」編

これで「信じて動いてくれる」

Ethos 3-1

伝える前に、「信頼感とは何か」考えてみる

ついに、最後の「エトス＝意志・信頼感」編まで来ることができました。

とはいえ、気づけばこの本も２００ページを超えてきましたので、まずは全体像の再確認をしたいと思います。

本書が「１ページ＝紙１枚」でない以上、全体構造を見失わないように何度か確認すること。あるいは、そもそも大切なポイントは何度でも繰り返すこと。

これらもまた、伝える前に私たちが活用するべき重要な本質でした。

左ページの人のことを覚えているでしょうか。ＰＡＲＴ１の冒頭【Logos1-1】で登場していました。その意味するところは、次の通りです。

「アタマ」にはわかりやすく、「ココロ」には響くように、そして「ハラ」落ちしてもらって「カラダ」を動かし行動してもらう。

本書1冊でこうした3つの伝え方すべてをカバーするべく、PART1を「ロゴス」編、PART2を「パトス」編と題して学びを積み上げてきました。

また、本書の学びを「わかる」だけでなく「使う」ための道具立てとして、「1枚」フレームワークの導入をPART0「ベース」編で扱ってきました。

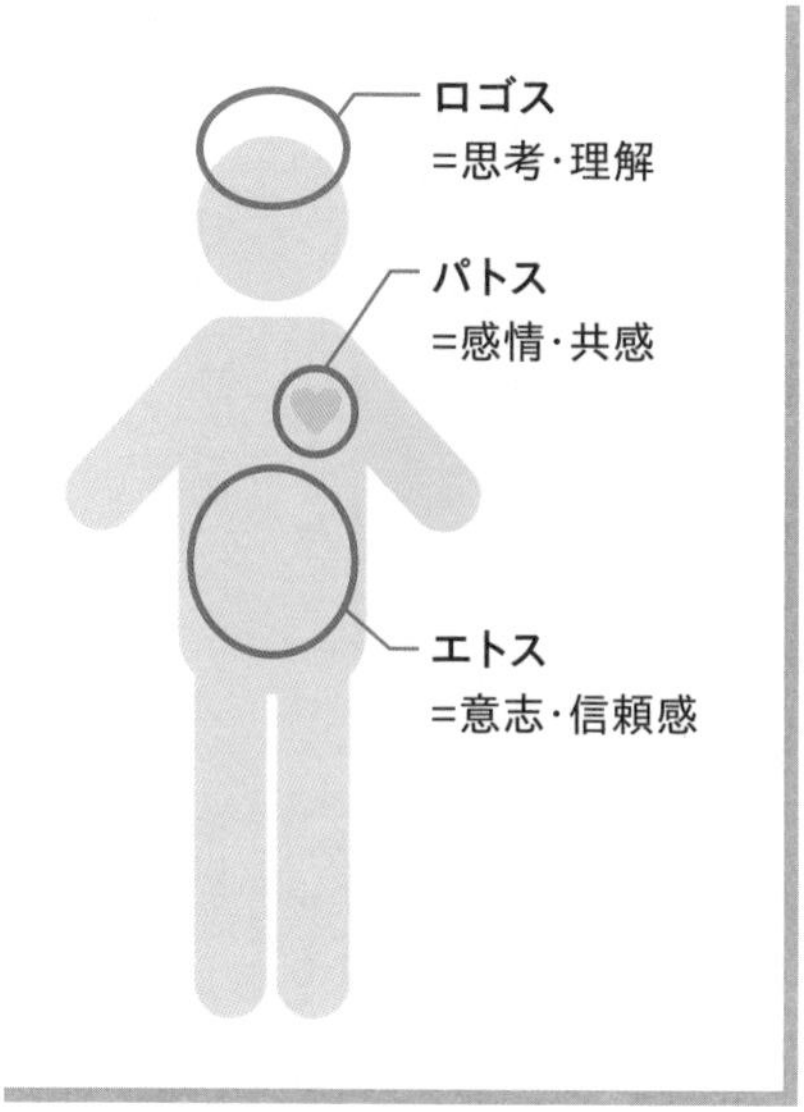

もう1つ、「ベース」編や「ロゴス」編は比較的カンタンに試せる方法が多かったのに対して、「パトス」編は少しチャレンジングな話もあったと思います。

それでも、AI時代には今まで以上に大切になる伝え方との判断から、できるだけトライしやすいよう配慮しつつ、丁寧に紹介していきました。

では、PART3の「エトス」編はどうなのかというと、「パトス」編ほどハードルの高さは感じないと思います。日々やってもらうことは拍子抜けするほどシンプルなものが多いので、そこは安心してください。

ただし、時間はかかります。

1回、1日やったから「はい！　エトス100％！」という話にはなりません。

なにせ、「エトス＝人柄」と訳されるぐらいです。習慣レベルまで身について、ようやく効いてくる。そんな息の長い話がどうしても多くなってきます。

とはいえ、何せ習慣化できる程度のことなので、やること自体はカンタンです。

歯磨きを身につけるのと同じノリで、コツコツ取り組んでいってください。

さて、本書では**「エトス＝意志・信頼感」**と解釈しています。

音の響きからこの順番にしていますが、解説としては「意志」ではなく「信頼感の醸成」のほうからスタートさせてください。

まずは伝える相手との信頼関係を構築することが先決だからです。
そのうえで、思考レベルにはわかりやすく、また感情レベルでも心に響くように伝えるからこそ、相手が自らの意志で動いてくれるようになってくる。
そんな伝え方を実現するために……「エトス」編もこの問いからいきます。

そもそも**「信頼感」とは何か。**

今回は、3つの定義を紹介したいと思います。

- **信頼感とは、「安心感」ではない**
- **信頼感とは、「能力」と「人格」でできている**
- **信頼感とは、「自信」と「好感」を見出してもらうことで醸成されるもの**

1つ目の、**「信頼感と安心感は別物」**という本質は、名著『安心社会から信頼社会へ』（山岸俊男著、中央公論新社）等をベースにした知見です。

ポイント3つで簡潔にまとめれば、次のようになります。

- **同質性の高い社会では、村八分やKYを恐れて人は悪い行いをしない**
- **その結果、誰もが「安心」して暮らせる＝これが「安心感」の意味**
- **一方、安心できるせいで信頼関係を構築する必要がなくなってしまう**

要するに、「お前、わかってるよな」的な安心社会が長かったせいで、**私たち日本人はゼロから信頼感を高めていくことが、そもそも苦手**なのです。

どうすれば信頼感を高めていけば良いのかについて学ぶニーズが元々なかったので、いざ学ぼうと思っても学習の機会自体があまりありません。

あなたが**「信頼感とは？」と言われてもピンとこなかったのは、実は当然のこと**なのです。本書ではこの認識を前提に、信頼音痴の日本人でもカンタンにできることだけを厳選して紹介していきます。

続いて、2つ目の定義です。**「信頼感は能力と人格でできている」**。

これは、『7つの習慣』(スティーブン・R・コヴィー著、フランクリン・コヴィー・ジャパン訳、キングベアー出版) 等をベースにした本質です。たとえば能力はあるが、人格的にはメチャクチャな医者に診てもらいたいかと問われたら、どうでしょうか。逆に、能力はまったくないヤブ医者だけど、人格的には優れている場合だったらどうでしょうか。

いずれにせよ、信頼感を抱くことは難しいと思います。

ちなみに、ムラ社会の場合はおそらく「能力はあるが人格的にはアウトのほうがマシ」という判断になるはずです。なぜなら、「もしものことがあったら、わかってるよな」という村八分リスクがあるため、人格的に問題があってもきっと悪いことはしないだろうという「安心感」を担保できるからです。

実際、医者はちゃんと治療すると思いますが、だからといって引き続き信頼はしていない。でも、社会としては回っていく。そんな捉え方になります。これでより「安心」社会と「信頼」社会の違いについて、認識が深まったでしょうか。

ともかく、「能力も人格も、信頼感には両方が必要」となるわけです。

ただ、この定義を尊重しつつも、本書ではこれ以上深入りはしません。

なぜなら、「では、どうする？」という「How」の話になると、「仕事力を高めよう」「成果を出そう」「人格を磨こう」といった話になってしまい、これはもう「伝え方」をテーマにした本書の守備範囲を大きく超えてしまうからです。

したがって、こうした観点については他の拙著で学んでもらえればと思います。

幸いなことに、根本的な仕事力については8冊目の『トヨタで学んだ「紙1枚！」で考え抜く技術』で。人格については、4冊目の『一超訳より超実践一「紙1枚！」松下幸之助』等を通じて学ぶことが可能です。ぜひご活用ください。

さて、本書でフォーカスをあてたいのは最後の3つ目の定義です。

信頼感とは、「自信」と「好感」を見出してもらうことで醸成されるもの。

信頼「感」と記載している以上、「エトス」編ではありますが「パトス＝感情・共感」的な要素も入ってきます。

「あの人は、自信に満ちあふれていて凄いな」「なんだろう、好印象だしとにかく好きな

んですよね」といったことを、もし相手が感じ取ってくれたとしたら。

この時点で、私たちは相手から信頼感を獲得できたことになります。

そのうえでＰＡＲＴ１「ロゴス」編やＰＡＲＴ２「パトス」編で学んだ伝え方をしていくと、これまで以上にあっさり伝わるようになってくる。このことを、これからあなたにも体感してもらえることを願って、１つ１つ書いていきたいと思います。

もちろん、先ほど挙げた実績や成果、肩書といった要素も「自信」や「好感」につながるわけですが、今回はそこには立ち入りません。

それでも、さっそく明日からカンタンに取り組めることはいくつもあります。

まずは最初の３つの項目を使って、信頼感につながる「好感」や「好印象」について扱っていこうと思います。

最初のキーワードは、「**自己開示**」です。

Ethos 3-2

伝える前に、「推しを共に推す」機会をもつ

「推しを共に推す」。謎めいたフレーズです。

これは「信頼感」を構成する「自信」と「好感」のうち、「好感」に効く話となります。

要するに、信頼を得たかったら、**相手の「推し＝好きなモノやコト・ヒト・トコロ（場所）等」が何かを把握し、自分も推せそうだったら一緒に推していこう**という意味です。

といっても、くれぐれも誤解しないでください。

自分は大して興味もないのにとりあえず推すのは、「共に感じ合う」という共感面の本質からはマイナスとなります。今は「エトス」編だからといって、「パトス」編で学んだことを逸脱してそういうことをやってしまうのはＮＧです。

もう１つ、この話は**「自分の推しを伝えていく＝自己開示する」**ことで、自分に好感や

好印象を抱いてくれる人を増やしていくという側面もあります。

たとえば、「エトス」編に入る前の【Column3】で、私は「サヴェージ・ガーデン」の名前を出しました。その際、「親近感」というキーワードも紹介しました。

この**親近感こそが、好感や好印象の源泉**になってきます。振り返ってみれば、「親近感」は「既知との照合＝わかりやすさ」のキーワードでもありました。

伝える相手とのあいだに親近感を見出していくことがいかに重要か。

他の学びとも接続しつつ、ともかく自分が好きなモノやコト・ヒト・トコロ（場所）等を日頃から積極的に開示していってほしいのです。

ただし、やはりここでもケアは必要だと思いますので、ＰＡＲＴ２で学んだ「火風水土」と絡めてもう少し考えてみましょう。

というのも、「風」や「水」の人はこうした自己開示への抵抗は比較的少ないと思います。一方、「火」や「土」の人は心理的にハードルを感じるかもしれません。

実際、私は「土」なので、当初はこうしたことを積極的に表明するのが苦手でした。今でも得意ではありませんし好き好んでやりたいとも思いませんが、少なくとも「信頼感を醸成できる」という意義は腑に落ちています。

積極的に自己開示をすることで、その後のコミュニケーションが楽になる。

そんな経験を、これまでに何度となくしてきたからです。

本書「はじめに」で書いた通り、人は独りでは生きていくことができません。とりわけ精神面で、他者とのつながりを実感していく必要があります。

その最もカンタンな方法が、自分を積極的に開示していくことなのです。だからこそ本書の冒頭で、私は自身の過去を開示しました。この機会に再読してみてください。

さて、ここまでの話を決して精神論や机上の空論レベルにしてしまわないように、「エトス」編でも伝える前に「紙1枚」書いていきましょう。具体的には、図34を書けばOKです。

左半分は「自分の推し」、右半分は「伝えたい相手の推し」となります。

両者を書き出し、重なるところがあれば、赤ペンでつないでおきましょう。

あとは、この太線で囲った話題を出しながら、日頃からコミュニケーションを取っていけばOKです。「え、それだけですか?」と感じた人も多いと思いますが、日本人には信

図34

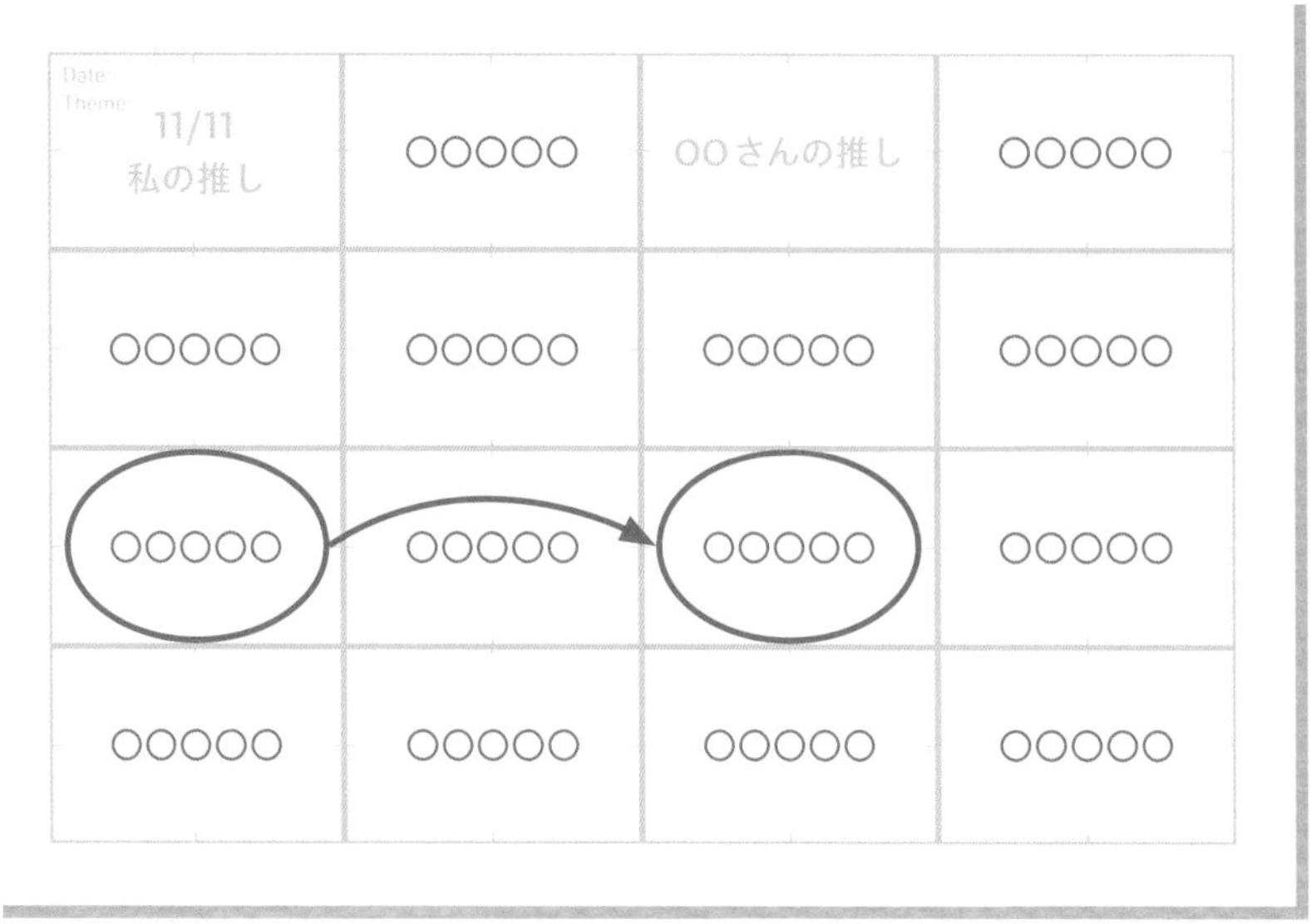

頼感のバックグラウンドがない以上、このくらいから始めていかないと大半の人がピンとこないまま終わってしまいかねない……。これが、「エトス」編の怖いところです。

　それに「できるだけ話さないですませたい」と感じている人であっても、自分が好きな題材なら、むしろ積極的に伝えられるのではないでしょうか。

　どのパーソナリティの人であっても、これなら気軽にトライできると考え提案しています。決して軽んじることなく、でも気軽に取り組んでみてください。

　以上、前の項目で宣言した通り、やるこ

とはシンプルです。

ただ、どのくらいの期間で実感できるような効果が得られるかは、相当に個人差が出てくると思います。それでも、このPART3でやっていきたいことのイメージは、この項目である程度つかんでもらえたのではないでしょうか。


「エトス」は、まとうものです。

雰囲気やオーラと同じで、長年の積み重ねによってしか身につきません。だからこそ、シンプルな動作をコツコツ積み重ねていく必要があるのです。

大切なことなのでもう1回書きます。どうかアタマのレベルだけですませないでください。ココロやカラダのレベルで受け取り、気軽に試していってほしいと願っています。

さて、「信頼感」編はこんな調子なので、サクサク次の項目に進んでいきたいと思います。次のキーワードは、**「態度を選べる自由」**です。

Ethos 3-3

伝える前に、「上機嫌な心」を整える

好感や好印象という意味での信頼感につながる基本動作を、あと3つほど紹介したいと思います。

- **「態度は選べる」、だが無理はせず等身大で**
- **「フィラー」は無理にカットしなくて良い**
- **「ストローク」を入れる**

1つ目は、前の項目で学んだ「自己開示」の続きです。

あなたの周りには、いつも不機嫌で怒っている人や、ネガティブなことばかり言う人がいるでしょうか。

こういった人格の持ち主には、好意も好印象も抱きにくいものです。当然ながら信頼もできませんし、そういう人から、たとえ論理的には正しいことを伝えられたとしても、まず「やろう」とは思えないのではないでしょうか。

「エトス」の面で伝わらないとは、たとえばこういうことなのです。

そこで知っておきたい本質があります。**「態度価値」**という言葉です。

どんな極限状況にあっても、私たちには「態度を選ぶ自由」が残されている。

この1行は、「ロゴセラピー」という心理療法を提唱し、第二次世界大戦下で強制収容所を生き抜いたヴィクトール・フランクルという人が残してくれた本質を、私なりにまとめたものです。参考文献として、『それでも人生にイエスと言う』（山田邦男、松田美佳訳、春秋社）を挙げておきます。これも私の座右の書の1つです。

もちろん、現代を生きる私たちが、フランクルのような壮絶な場面を想定する必要はありません。それでも日々、一所懸命に働き、生きていると色々なことが起きます。

些細なレベルからキャリアや人生を左右するような話まで、理不尽で、不条理で、割り切れない経験を誰もがしてきているはずです。

しかし、だからといってそのたびに被害者モードの自分を強化していたら、冒頭で挙げたような信頼されない人物になってしまいかねません。

そこで、できるだけ前向きに、建設的に、未来につながるような解釈ができるようになっていきたい。私自身、サラリーマン時代に一時休職した際に心からそう思うようになり、今日まで様々な学びを得て、できることを続けています。

もし、ネガティブな言動より**軽やかで活力ある立ち居振る舞いを増やしていければ、周囲からもポジティブな印象＝好感・好印象を抱いてもらえる**ようになるはずです。

そうした前提で相手に伝えることができれば、「ロゴス」編や「パトス」編で学んだことを、ますます有意義に使いこなせるようにもなります。

そこで日々書いてみてほしい「紙1枚」が、２４１ページの図35です。

相変わらず、やってもらうことはシンプルです。

左上の第1フレームには、「テーマ」として「今日の出来事」と書きます。その後、青ペンで実際にその日にあったことを書き出し、赤ペンで○をつけるだけです。

その際、**「ポジティブに捉えられる出来事」**に○をつけていってください。

どういうことかというと、たとえば、ディズニーランドやＵＳＪに行って楽しかった場合、それは「ポジティブな出来事」なのでカンタンに○がつきます。

でも、この「紙１枚」でやりたいことは、そういうことではありません。

「ディズニーに行ったが、混み過ぎてアトラクションにほとんど乗れなかった」「ＵＳＪに行ったが、大雨でお目当てのイベントが休演だった」となった時に、**「それでも○をつけるには、どう解釈したら良いか？」**と考えてみてほしいのです。

「アトラクションには乗れなかったけど、お目当てのグッズは全部買えた」「大雨で大変だったけど、晴れていたら行かないようなアトラクションに触れ、それが思いのほか楽しかった」等々。この「紙１枚」を日記のような感覚で書いていると、ほんの少し目線を変えるだけで、実はいくらでもポジティブに捉えられる余地があるのだということに、だんだん気がつけるようになってきます。

こうした「気づき」が得られる体験をコツコツ積み重ねていって、最終的には全部赤ペンで○をつけようと思えばつけられる。そういったレベルまで**「ポジティブ・フォーカス」**を極めていく。

図35

Date Theme 11/11 今日の出来事	出張中のBさんとランチ	報告書の作成	帰りの電車遅れた
A社と打ち合せ	出張準備	E部長に怒られた	満員電車
Dさんに情報共有	ビジネス書読了	今日も企画書できず…	英語の勉強できず
企画書の準備	図書館に返却	行きの電車遅れた	経費精算まだ

これが、この「紙1枚」を通じて身につけていきたい力です。

先ほどさらっと休職していた事実を自己開示しましたが、こういったネガティブな出来事も淡々と話せるようになれた理由は、この力を他ならぬ私自身が高めていったからです。

出来事としてのポジティブ・ネガティブではなく、捉え方としてのポジティブ・フォーカスを習慣化できれば、日々の言動も当然ながら前向きなものになっていきます。周囲に多くの人がいる状態で何か理不尽な目にあったとしても、通常とは異なるリアクションができるようにもなるはずです。

良くも悪くも、そうした時の立ち居振る舞いを見て、人は「この人ってこういう人なんだ」ということを判断します。だからこそ、日頃からできるだけ上機嫌でいられることをベースにしておきたいのです。こうした平時での積み重ねが、有事で真価を発揮します。

とはいえ、大切な注意点を。過剰適応はくれぐれもNGです。

私も決して、何もかもポジティブに捉えられてなんかいません。

むしろ、すべてをポジティブ・シンキングですませる人に出会うと、非人間的というかさすがにちょっと不自然過ぎるだろうと違和感を抱いてしまいます。

先ほど「赤で全部◯をつけられるレベルを目指しましょう」と書きましたが、これはあくまでも目指すだけで大丈夫です。達成する必要はありません。

そもそも「態度価値」とは、ネガティブな感情を無くそうという話ではありません。ネガティブな出来事も過去も感情も、それ自体はあると認める。

そこは**等身大のままで良いし、本音を無視せず尊重すればOK**です。

自分の内面で起きていることについては素直に認めたうえで、それをそのままネガティブな言動としてアウトプットしてしまうのか。それとも、ほんの少しでも前向きな未来につながるほうを選び取っていくのか。

私たちには、前者も、後者も、どちらの態度も選べる自由がある。

だったら、できるだけ後者の態度を選び、それを日々の立ち居振る舞いに活かしていこうというのが、今回の「紙1枚」が目指している未来です。

やってもらうことはシンプルですが、信頼感＝好感にプラスになるだけでなく、自己肯定感や幸福感の増進等、メンタルマネジメント全般において極めて有効な習慣となります。良いきっかけとなれば嬉しいです。

さて、次の項目に進みましょう。

2つ目のキーワードは、「**えーっと……**」です。

「これのどこがキーワードなんだ?」と思われるでしょうが、読んでもらえばわかります。類書とは真逆の主張をしている項目になりますので、どうか「ポジティブ・フォーカス」で読み進めていってもらえると嬉しいです。

Ethos 3-4

伝える前に、「フィラー」を無理に矯正しない

好感や好印象という意味での信頼感につながる基本動作の２つ目です。

- **「態度は選べる」、だが無理はせず等身大で**
- **「フィラー」は無理にカットしなくて良い**
- **「ストローク」を入れる**

「フィラー」、英語では「Filler」と表記します。**「Fill＝埋める」**ですから、これは要するに発言と発言の間の無音を埋める「えー」とか「あのー」のことです。

こういった場つなぎ言葉は、「耳障りで聞き苦しいからＮＧです、無くしましょう」と言われたりもするのですが……。

社会人教育のフィールドに立ち続けて11年、私自身はフィラーを無理に直そうと思ったことはありません。正確に言うと、**「無くすべきフィラー」と「残しても良いフィラー」があると思っていて、後者はむしろ無理に省かないほうがベター**だと考えています。

これはいったいどういう意味なのか。

たとえば、YouTube動画などは多くの場合編集して短くなっていて、フィラーもカットされているケースが多々あります。「そんなの当たり前では」と感じた人もいると思いますが、その固定観念について一度疑ってみたいのです。

本当にそんなことをしてしまって良いのでしょうか。

私の答えは「してもOKなカットと、ダメなカットがある」なのですが、その分岐点は**「誰のためのフィラーか」**です。

私自身も、主宰する動画学習コミュニティに、毎週のように動画講義を収録してアップしています。そのどれもが、基本的には無編集です。

理由は、「うーん」とか「えー」とか「あー」などと言いながら**「私が考えている部分」**も含めて、学びの機会として受け取ってほしいからです。

私は「あのー」と言いながら、**「次に何を言えば相手にとってプラスになるのか」**と、その場その場で一所懸命に考えて言葉を紡いでいます。

その姿を見て、受講者さんにも考えてほしいのです。

なぜなら、結果として放たれた言葉も大事ですが、「言葉になる前の意味」のほうにこそ、もっとフォーカスしてほしい。そうすれば、言葉そのものに翻弄されることなく、受け取るべき意味=本質をダイレクトにつかむことができるからです。

言葉は主役ではなく、言葉になる前のメッセージのほうが重要である。

実は、そのことが一番よく伝わる瞬間こそが、「えーっと」となって言葉をあれこれ模索しているフィラーの場面なのです。

ちょっと踏み込んだことを書き過ぎている気もしますが、これは教える仕事のプロフェッショナルとして見出してきた極意の1つです。10冊目記念ということで、このまま削除せずに書き残しておこうと思います。

さて、以上を踏まえ「フィラー」問題に関する私なりの結論です。

「相手のためのフィラー」なら、むしろ積極的にやったほうが良い。

こんなことを書いている伝え方のビジネス書は初なんじゃないかと思いますが、この仕事をしながら自分なりに見出した確かな本質です。

自分のために「うーん」とか「えー」とか言っている人は、**意識の方向が相手ではなく自分に向いている**ため、これは確かに聞き手にとっては不快です。

好感という意味での信頼感にはつながっていきませんので、直したほうがベターだと思います。その際、【Pathos2-9】でも書いたように、自身が伝えている場面を録音・録画してセルフチェックすることが一番有効なカイゼン策なのですが……。

大半の人はやってくれないので、もっと根本的な話をします。

本来カイゼンすべきは、フィラーではなく意識のほうです。

相手のために必死になって考えている過程で生じるフィラーは、**「ああ、頑張ってわかりやすく説明しようとしてくれているんだな」という印象を喚起することができるので、むしろ好感につながります。**

つまり、大切なのは、どれだけ**「NOT自己完結」**で伝えられているか。

このキーワードは、ＰＡＲＴ０「ベース」編の最後に学びました。記憶が曖昧になってきている人は、ぜひ再読してみてください。

現代は何でもかんでもカットしたりスキップしたがる時代ですが、フィラーゼロの伝え方なんて目指したところで、それは機械的な音声に自らを近づけていっているだけなのではないでしょうか。

「人間のほうがＡＩに寄せていってどうするんだ！」というのが私の見解です。

そんなことより、自己完結を超えたところで、もっと相手のためになるような伝える力を磨いていってください。

さて、どうすればそれが可能だったでしょうか。

・伝える前に、相手に伝わるように「トコトン考え抜くこと」
・伝える前に、相手の時間を奪わないよう「見せられるもの」を用意すること
・伝える前に、相手のために「紙１枚」にまとめること、等々

「ベース」編の学びが身についているのであれば、あなたのフィラーはあなたの信頼感を高めるプラス材料になります。カットなどする必要はありません。

以上、かなり思い切ったことを書いた項目となりましたが、ひとりでも多くの読者さんの目からウロコ体験につながったのであれば嬉しいです。

さて、次が「好感」編の最後となります。キーワードは、「**ねぎらいはムダか**」。

Ethos 3-5

伝える前に、「ストローク」を入れる

好感や好印象という意味での信頼感につながる3つの基本動作。

・**「態度は選べる」、だが無理はせず等身大で**
・**「フィラー」は無理にカットしなくて良い**
・**「ストローク」を入れる**

最後は**「ストローク」**です。

これは、エリック・バーンという人が提唱した「交流分析心理学」で登場する用語です。

「ストロークを入れる」といった言い回しでよく使われます。

これができているかどうかで、好感という意味での信頼感は勝負がついてしまうのではないかというくらい重要な概念です。

といっても、正直なかなか日本語には訳しにくいのですが、それでも頑張ってみると、私なりには**「受け止めましたよ」「受け入れてますよ」「安心してくださいね」**といったメッ**セージを伝える言葉**として理解しています。

本来は言葉以外の領域にも展開できる概念なのですが、話をシンプルにしたいので今回は言語関連のことだけに絞らせてください。

たとえば、私は誰かからメールやチャットでメッセージをもらった際、本論に入る前に次のメッセージから返信をスタートするようにしています。

「ご連絡頂きありがとうございます」「返信ありがとうございます」

こうやって可能な限り「感謝の言葉」からコミュニケーションをスタートする。

その理由は、こういった言葉がなく、いきなり「火曜日で」「A案で」というように用件だけ返すと、「ストロークが乏しい伝え方」になってしまうからです。

「私はあなたのことを受け入れていますよ、ご安心ください」といったメッセージを文面から感じ取れないため、本当に些細なことではあるのですが、それでも少しずつ好感が薄れていってしまうのです。逆に、こうしたストロークを日頃から入れられていれば、これも1回1回は本当に何となくのレベルではあるのですが、それでも少しずつ好感や好印象にプラスに作用していきます。

キャッチボールのイメージで話せば、「ありがとうございます」という言葉は「ボールを確かにキャッチしましたよ！」といって、相手に**「グローブを見せるメッセージ」**です。これをせずに用件だけ返すのは、ボールを受け止めずにいきなり叩き返しているようなものなのです。

他にも、遠方から出張してきた人と打ち合わせする際、「道中は大丈夫でしたか」「暑かったですか」「来る途中に○○は通りましたか」といった**雑談からスタートする**ことも、ストロークを入れる例になります。手間をかけて移動してきたのに、何のねぎらいもなくいきなり用件に入られたらどう感じますか。そこはビジネスの本筋には何の関係もない部分なので、カットすれば良いことなのでしょうか。

効率性や生産性に囚われてしまうと、こういったストロークもムダだといって排除してしまいがちです。

しかし、私たちが人間である以上、**人と人のつながりを感じさせる言葉がけは、会社や社会の潤滑油として必要不可欠**なのではないでしょうか。

すでにPART0の「ベース」編やPART1の「ロゴス」編を通じて、私たちは効率的な伝え方について学習済みです。だからこそ、**捻出できた時間を「パトス」編や今回の「ストローク」の活用に使ってほしい**と切に願っています。


ちなみに、ストロークの「和」的な言い換えとして、先ほどの**「ねぎらい」**でピンとくる人は、この言葉で理解しておいてもらっても構いません。メールの「ありがとうございます」まで「ねぎらい」なのかというと違和感もありますが、端的な言葉で覚えておきたいのであれば、まずはこれでも構わないと思います。


加えて、「パトス」編で学んだ「火風水土」と絡めて理解すると、「火」の人は「用件のみ」を好むため、ストロークにあまり価値を見出してくれません。

あるいは、「土」タイプも、こうした言葉がけは苦手だと感じるはずです。

いずれにせよ「できるだけ話さないですませたい」という想いを尊重するのが本書ですから、現実的には次のようにガイドしておきたいと思います。

まずは雑談ではなく、メールの例を優先してやってみてください。会話はハードルが高いので、当面はメールやチャットで試してみることをオススメします。

さて、ストロークは実際にはもっと多様な概念です。あまり狭くは捉えてほしくありませんので、もう1つだけ例を追加しておきます。

たとえば、講演等での質疑応答の場面を思い浮かべてみてください。

私は質問を受ける際、できるだけ**質問者の方がしゃべったことをそのままオウム返しにしたり、煎じ詰めて要約したりしてから回答に入る**ようにしています。

特に日本人の質疑応答は、質問文ではなく感想文しか言わないケースが多いので、これは伝える側が身につけるべき必須テクニックの1つです。

・質問者：「あの、ストロークのイメージがいまいちピンとこなくて……」

文字なら一目瞭然ですが、これは質問ではありません。感想です。

英語圏の人がこれを言われたら、「Ｓｏ Ｗｈａｔ？（ダカラナニ？）」となってしまいます。でも、だからといって私が「で、聞きたいことは？」と返したら、お互いのつながりが途切れるように感じてしまうのではないでしょうか。

・**質問者：「あの、ストロークのイメージがいまいちピンとこなくて……」**

・**私　　：「わかりました、ストロークの具体例をもう少し話しますね」**

一方、こうやって返せば、「そうです、そういうことです！　うまく受け取ってくださってありがとうございます」と感じられるのではないでしょうか。

このように、相手の発言をキャッチし、わかりやすく解釈したり言語化したりすることでも、ストロークを入れることは可能です。

この例はカンタンですが、なかには本当に何が言いたいのか曖昧なケースもあります。

質問せずに持論をダラダラと話し続ける人にも、何度も遭遇しました。

それでも「聞きたいことはこういうことですかね」と要約してみて、相手が「そうです！

そういうことです！」となれば、もうこの時点で好感や好印象という観点では及第点をクリアできたと思ってください。ちなみに、大勢の参加者がいる場でこれがうまくいくと、その場全体の信頼感が一気に高まり、より自分のメッセージが伝わりやすい環境になります。

以上、とても日本的なケーススタディだと思いますが、私自身がストロークに関して一番しっくりくる例だったので、追加でシェアさせてもらいました。

プレゼンターや講演者にとって、質疑応答は「エトス」の勝負どころです。もし今後、質疑応答を伴うプレゼン等があるのであれば、伝える前にこの項目をぜひ再読してください。

・読者：「でも、端的に要約するのって難しいですよね……」
・私　：「どうすれば身につけられるか解説すれば良いということですね」

というわけで、読者の皆さんにストロークを入れつつ、次の項目に進みたいと思います。

キーワードは、「**1P：イイキルチカラ**」です。

Ethos 3-6

伝える前に、「断言」できるまで準備する

「信頼感とは、相手に自信と好感を見出してもらうことで醸成されるもの」という本質のうち、ここまでは「好感」にフォーカスをあてて学びを積み上げてきました。一方、この項目からは**「自信」**のほうにシフトしていきます。

まず冒頭でしっかり線引きしておきたいことがあって、本書で言う自信とは、「自分に自信があるか？」という話ではありません。あなた自身の自信の有無以上に**「相手が、あなたの言動から自信を感じ取ってくれるか？」**が重要です。

いくら自分に自信があっても、相手がそう思わなければ、「エトス」的な伝わり方にはつながっていきません。本書はコミュニケーションをテーマにした本なので、このような相手目線から信頼について考えていきたいのです。

では、いったいどういう伝え方をしていけば、相手はあなたの立ち居振る舞いから自信を見出してくれるようになるのでしょうか。

答えは色々あり得るのですが、本書では1つに絞ります。

あなたが「断言」する姿から、相手は自信を感じ取る。

そのために必要な要約力や言語化力が、この項目のテーマです。

もちろん、この能力は前の項目で学んだ質疑応答力にも直結します。

まずは1つ質問したいのですが、あなたは普段、「ヒトコトでスパッと言い切る」伝え方をどれだけ意識的にやっているでしょうか？

ダラダラと、長々と、いつまでも丸がつかずに終わらない発言を続けてしまっているのだとしたら……。そうした伝え方は、単に「ロゴス」的にわかりやすくないだけでなく、「パトス」的にも自信を見出してもらえないコミュニケーションスタイルなのだと理解してほしいのです。だからこそ、私は10年以上「要するに？」「煎じ詰めると？」「ヒトコト

図36

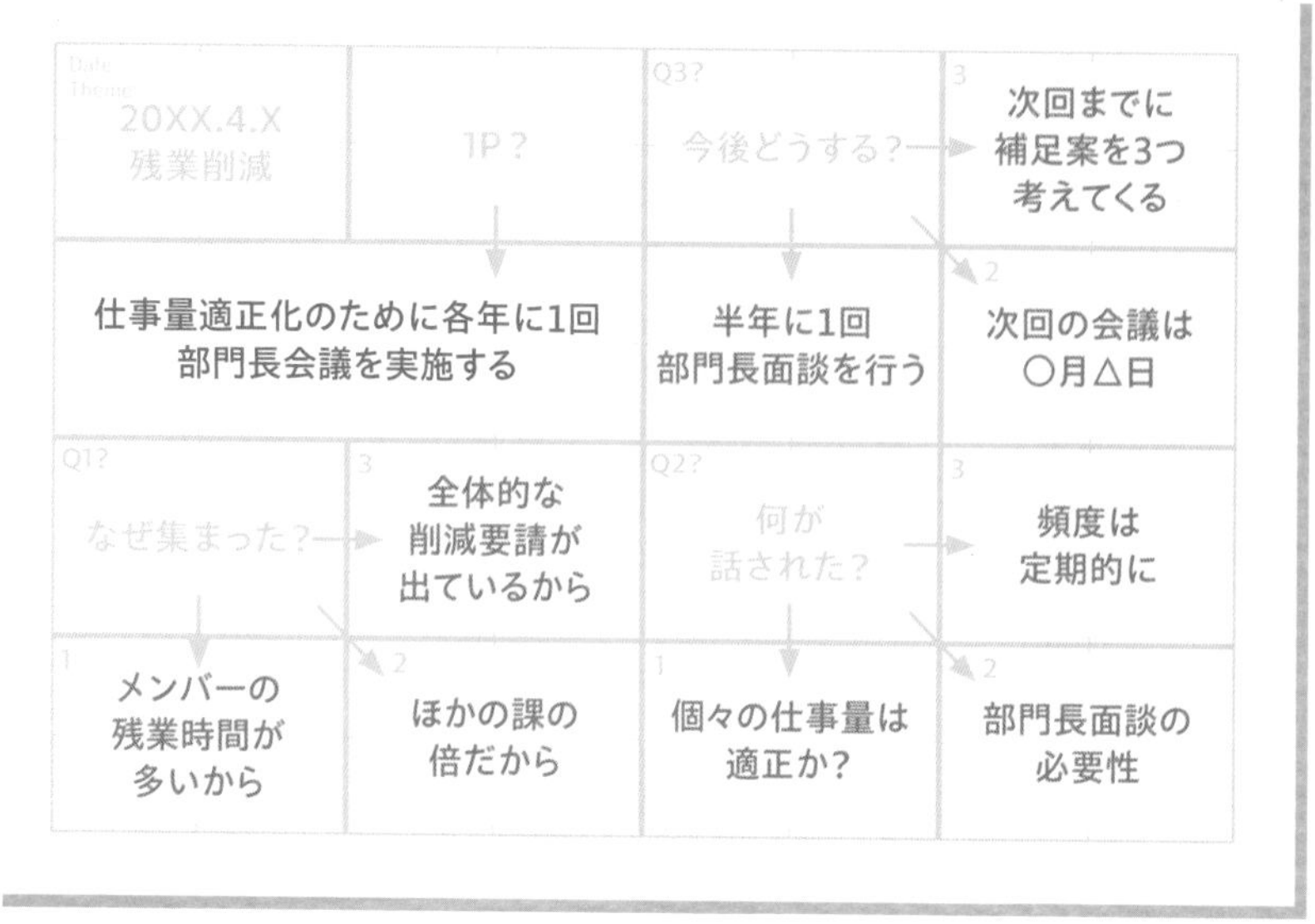

で言うと？」といった問いかけの重要性を伝え続けてきました。

しかも、ただ「わかってもらうだけ」ではありません。

行動に移しやすいよう、「紙1枚」書くだけの活用法も多数開発してきました。

たとえば、図36を見てください。この「紙1枚」は、「会議の議事録」に関する思考整理の例です。

「なぜ集まったか＝Why」「何が話されたか＝What」「今後どうするか＝How」は本書で学んだこととまったく同じなのですが、1つ追加のフレームがあります。

左上にある**「1P＝ワンフレーズで、ヒトコトで言うと？」**という枠です。

この枠の目的はもちろん、「断言する」ため。したがって、「エトス」編としてはぜひこちらの「1P」ありフレームワークを使っていきたい。これが本音です。

「だったら、最初のベース編からこの型で紹介すれば良かったじゃないか」と感じた人もいると思うのですが、そうしなかったのには理由があります。

「What」「Why」「How」はやってくれるが、「1P」はやってくれない。

この10年、ずっと直面し続けている実態です。もう1つ、今度は図37を見てください。

最初期の書籍発刊後、「ヒトコトにまとめるのが難しいです……」という声をたくさん頂いたので、私はその悩みに応えるべく新たな「紙1枚」を開発しました。

図37は、2018年に上梓した『すべての知識を「20字」でまとめる　紙1枚！独学法』（SBクリエイティブ）という本の中に収められているフレームワークになります。

「20字」という本のタイトル通りです。

「紙1枚」の下段にある赤ペン部分が**原稿用紙のようになっていて、この枠組み通りに上から記入していけば「20字」前後で言語化できる**ようになる。

図37

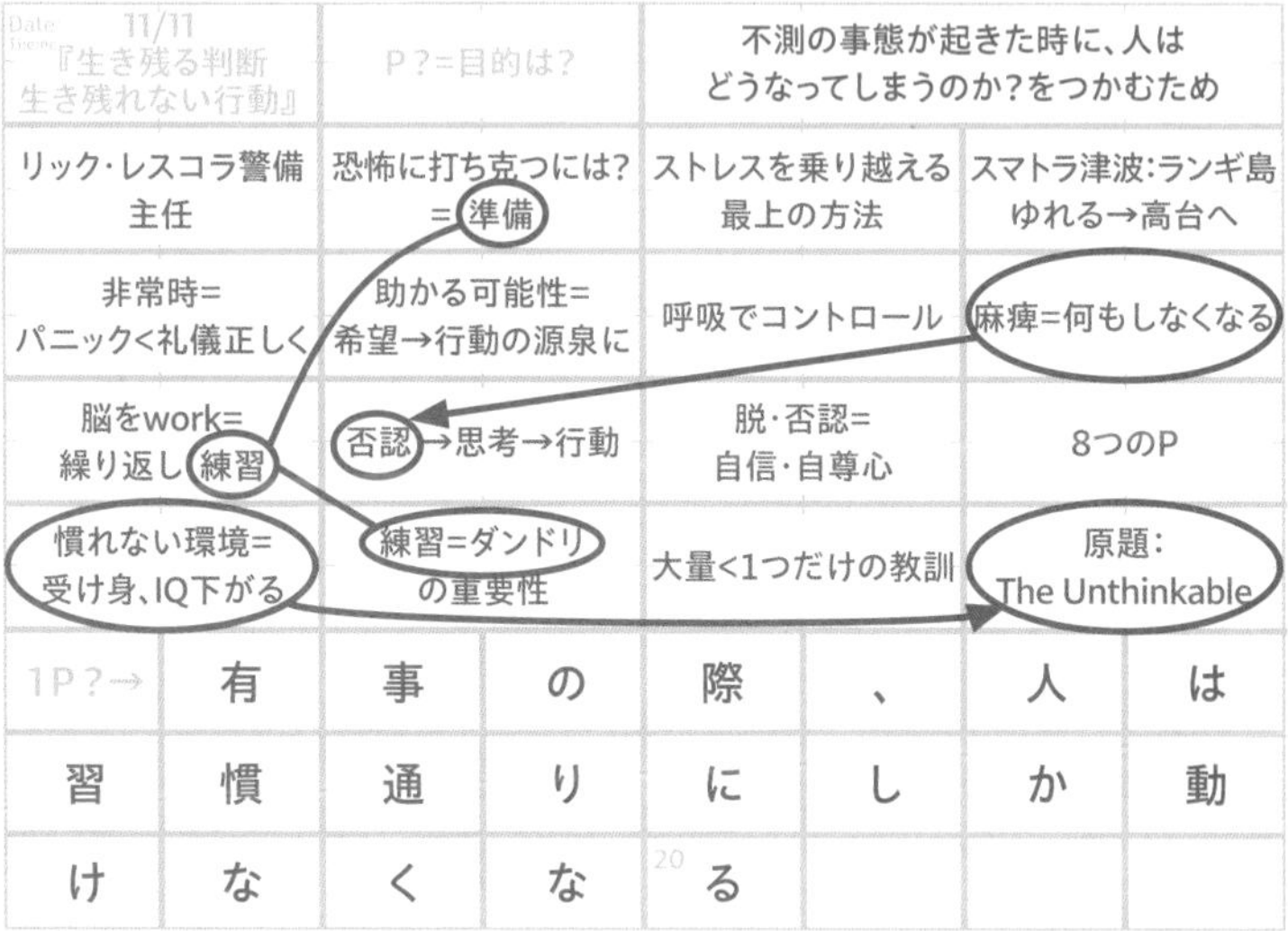

Date 11/11
Theme 『生き残る判断
生き残れない行動』
P？=目的は？
不測の事態が起きた時に、人は
どうなってしまうのか？をつかむため
リック・レスコラ警備
主任
恐怖に打ち克つには？
=準備
ストレスを乗り越える
最上の方法
スマトラ津波：ランギ島
ゆれる→高台へ
非常時=
パニック<礼儀正しく
助かる可能性=
希望→行動の源泉に
呼吸でコントロール
麻痺=何もしなくなる
脳をwork=
繰り返し練習
否認→思考→行動
脱・否認=
自信・自尊心
8つのP
慣れない環境=
受け身、IQ下がる
練習=ダンドリ
の重要性
大量<1つだけの教訓
原題：
The Unthinkable
1P？→
有
事
の
際
、
人
は
習
慣
通
り
に
し
か
動
け
な
く
な
20
る

そんな画期的な「断言力」養成法として提案しました。

おかげさまで5年経っても増刷がかかるほどの評価を頂けてはいるのですが、それでもやっぱり「ヒトコトにまとめるのが難しいです……」という声は無くなりません。さらに年月が経ち、私は次のような結論に至りました。

多くの人が本音では**「断言したくないから」「言い切るのが怖いから」**と感じているからこそ、解決策を提示しても身につけるところまではやってくれない。そう理解、共感するようになりました。

実際その通りで、断言には勇気が要ります。

そもそも仕事も、人生も、現実は何もかもが複雑です。

無数の要素が絡み合っていて、まったくもってわかりやすくなどありません。

でも、だからといってシンプルに捉えていくことを諦めてしまったら、行動できず停滞するばかりです。これは後述の【Ethos3-8】とも連動してくる話ですが、仕事や人生を推進するべく行動していくためには、本来はカオスであることを承知しつつも、それでも本質を見出し、端的にまとめていく必要があります。

どれだけ考え抜いても、完璧に説明することなんてできない。

その限界は受け入れつつも、だからこそ「わかる」のマネジメントを駆使して、「ロゴス」「パトス」「エトス」に効くアプローチを総動員して、なんとか「わかった」「響いた」「動いてくれた」を成し遂げていかなければならない。

これがコミュニケーションの本質、というより現実なのです。

そのために本書は存在するわけですが、逆に言えば、この本のような支えがなければ、尻込みし、断言を回避してしまうのは当然だと言えます。

なので、これまでについては問いません。

大切なのは、これからです。未来にフォーカスしていきましょう。

周囲がそんな状態のなかで、もしあなたが「紙1枚」にまとめ、起きていることの本質をヒトコトで断言できたとしたら。

断言した後も「Ｗｈａｔ」「Ｗｈｙ」「Ｈｏｗ」を駆使して理路整然と、しかも「情感」までこめて説明を続けることができたとしたら。

その立ち居振る舞いに、勇気に、相手はあなたへの自信＝信頼を見出してくれるのではないでしょうか。

さあ、「エトス」編もハイライトを迎えました。

本書のPART0「ベース」編で「1P＝ワンフレーズで言うと」の欄をカットした理由は、初期段階ではハードルが高いと感じる読者さんが多いとの判断からです。

実際、「ベース」編でいきなりこの項目の「紙1枚」を提示されたらちょっと困ってしまっていたのではないでしょうか。

ですが、『「伝える前」が9割』も最後の1割のところまで来ました。

「エトス」編は時間をかけて少しずつやっていきましょうとも宣言しています。

数々の学びを積み上げてきたこのタイミングだからこそ、あなたが私に「ロゴス」以上のものを見出してくれていることを願って、こう言い切らせてください。

ここまで読んできてくれたあなたなら、もう大丈夫！

恐れを超えて「断言」していきましょう！

前の項目までの「紙1枚」についてある程度使い慣れてきたら、という段階からで構いません。「断言＝1P」付きのフレームワークも取り入れて、「ヒトコトで言うと？」に答えていける力をどうか高めていってください。

ちなみに、現時点で最も「断言力」を高められる「紙1枚」は267ページの図38だというのが私の見解です。この例では、PART2の「パトス」編での学びを「紙1枚」にまとめていくイメージで、問い（Q？）が設定してあります。

「紙1枚」の左半分に、まずは右上に書いた問いの答えになりそうなキーワードを書き出していってください。これを赤ペンでまとめながら、右半分のほうにある「A？＝Answer」欄のフレームに収まるよう記入してみてください。

1行レベルの枠に収められれば、それすなわち断言レベルとなります。

残りの問いは「What」「Why」「How」に対応していますので、要するにこの「紙1枚」を書いてもらえば、安心して「断言」できるようになるわけです。

ここで、PART0の「ベース」編では書けなかった話を追記します。

「紙1枚」「フレーム」「テーマ」「3つの疑問」といった「制約」はすべて、「断言する力」を高めるための仕掛けだった。そう捉えてみてください。

加えてもう1つ、私は別の「制約」も追加して、トヨタで日々「紙1枚」思考整理&コミュニケーションを実践していました。

1行・1文。

できるだけ2行目にはいかないように、どの文も1行に収めるようにしていたのです。ここまで制約を課して資料作成をしている人は私ぐらいだったと思いますが、見方を変えれば年がら年中こうしたトレーニングを積み重ねてきたからこそ、断言する力を身につけられたとも言えます。実際、本書を通じて、私は様々な本質をヒトコトでまとめて紹介＝断言し続けてきました。

この本自体が、本書の内容を実践・体現したものになっていなければならない。

著者としての責任を果たすべく、私なりにここまでまっとうしてきているつもりです。

本書はあともう少しだけ続きますので、どうか最後まで見届けていってください。

図38

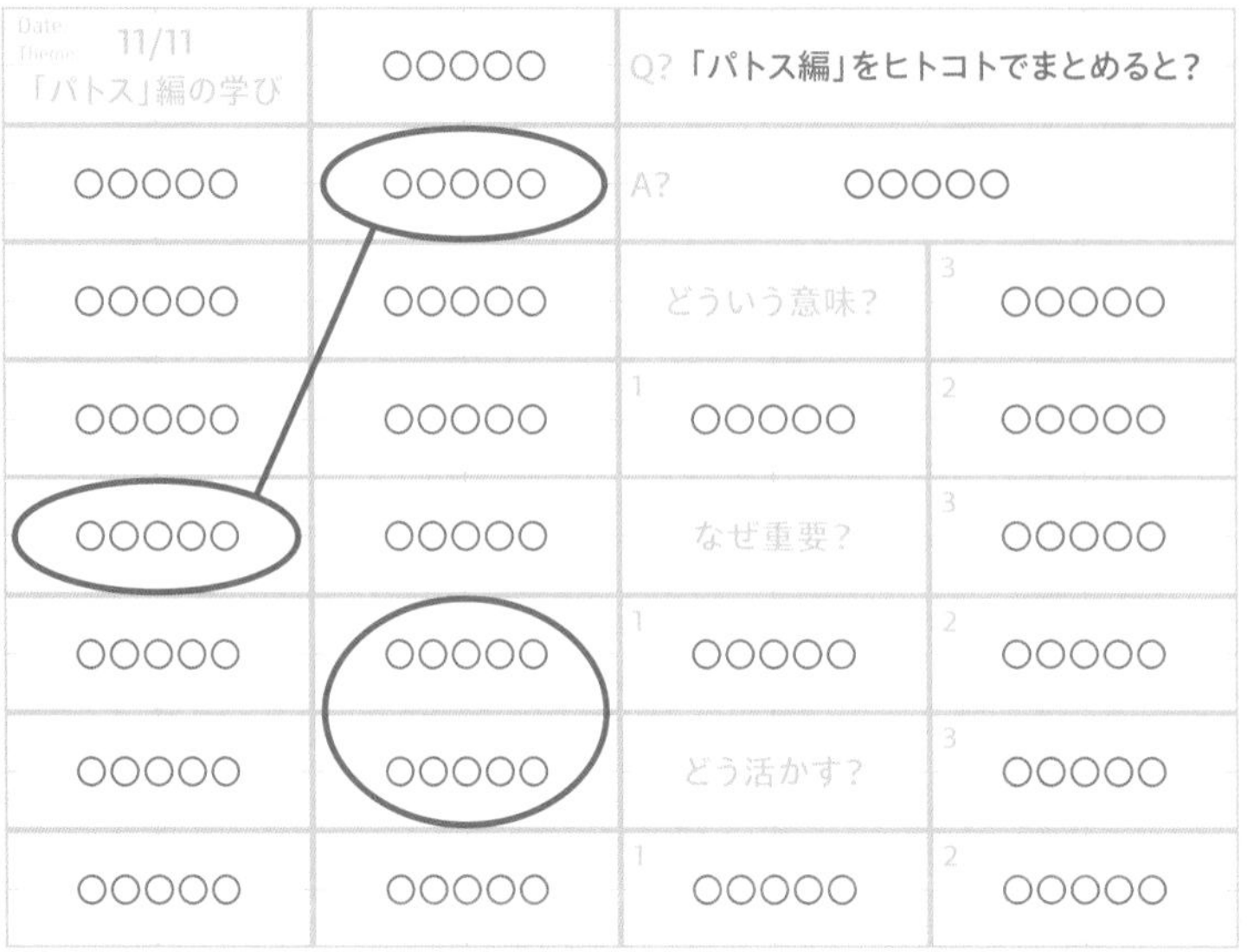

以上、この項目最後の断言です。

断言＝ヒトコトで言い切ると、「人を信頼させる力」が宿る。

さて、「エトス」編も残り３つまできました。

かなり力がこもってしまいましたので、次の項目は気軽に読んでください。

キーワードは、**「なぜ、本書では人名がいっぱい出てくるのか？」**です。

Ethos 3-7

伝える前に、「巨人の力」を使いこなす

「紙1枚」で「断言する力」は、本書のハイライトにあたる「伝え方」の技術になります。

とはいえ、身につけるまでにはどうしても経験値が必要です。

「パトス」編の時も、ハードルが上がってしまった後はバランスを取るようにしてきましたので、この項目は比較的カンタンにできる方法を紹介します。

少なくとも心理的なハードルは相当下がるはずです。


再度明記しますが、本書で言う自信とは、「自分に自信があるか？」という話ではありません。**「相手があなたの言動から自信を見出せるか？」**です。

なぜ、このことを強調しているのか。理由は、相手がどう感じるか次第なら「自信の源泉は自分じゃなくても良い」という発想の転換が可能になるからです。

自分だけで自信を感じてもらえないなら、他者の自信にあやかる。

これが、本項目のタイトル〝「巨人の力」を使いこなす〟にこめた意味です。

実際、本書では様々な「知の巨人」が残してくれた叡智を、本質として紹介してきました。フロム、アリストテレス、フランクル、等々。

「この話は、知の世界の権威も大切だと言っているメッセージです」と伝えられれば、たとえ私にあまり信頼感を見出してくれていなかったとしても、彼らへの信頼感をテコにすることで、相手にメッセージを届けることが可能になります。

そのような意図から、参考文献もできるだけ紹介するようにしてきました。

コミュニケーションの主役は相手であり、伝える目的は伝わることです。

伝わるための信頼感としてプラスに作用するなら、**自らの自信だけでなく「知の巨人」たち＝他者がまとっている信頼＝他信も積極的に活用する。**

そのために、先人たちが何を見出してきたのかについて日頃から学び続ける。

これが、この項目を通じて「伝える前」にやってほしいことです。

「なんだか情けない話だな……他信じゃなく自信だけで勝負すべきだ」と感じた人もいるかもしれませんが、本書の自信は、どこまでいっても「自分ではなく相手が感じるかどうか」で決まります。

私がどれだけ「10年、10冊、1万人以上、55万部超、海外5か国翻訳」といった実績を積み上げても、「だから何?」「あんた誰?」という人がゼロになることはありません。

あるいは、自身の実体験をビフォーアフター形式で熱心に語っても、「それってあなたの個人的な感想ですよね」などと言って、エピソードをまったく心に響かせる気がない人もいます。こちらは、どちらかというと「パトス」の限界です。

少し余談を挟むと、こういった首から上の頭=「ロゴス」のレベルでしかコミュニケーションが成立しないような人たちが、コロナ禍でソーシャルディスタンスを強いられ続けた結果、増えてきているのではないか。とりわけ、情報だけが飛び交うネット空間においてこの傾向が顕著になってきているように感じています。

といって、今さっそく個人的な感想を書いてみました。

私自身、理解してもらいたくて書いたわけではないですし、精緻に論証できるような話でもありません。自分なりに感じ取っている問題意識について、共感してもらえる人がどの程度いるのかという観点で書いてみただけです。

そしてその程度は、私にどれだけ信頼感を見出してくれているかによって変わってきます。あなたとの関係性がなかった本書の冒頭でこんなことを書いても、おそらく何も感じなかったはずです。一方、ここまで読み進めてくれた段階であれば、首から下の領域で私の話を受け取ってくれる人もたくさんいると思います。

話を本筋に戻しましょう。実績や経験を開示しても信頼感や共感を見出してくれない人たちには共通点があって、**「ビッグ・ネームが言っているかどうか」といった主流感、メインストリーム感を重視する傾向**があります。

ただ、理由を説明しだすと長くなるので、興味のある人は『影響力の武器』(ロバート・B・チャルディーニ著、社会行動研究会訳、誠信書房) 等を読んでみてください。

とにかく実態として、目の前の人物よりも抽象的な「権威的存在が言っているか」で、メッセージの値踏みをする人がいる。だからこそ、この項目のような伝え方も必要だと捉えてほしいのです。

なお、この話はＰＡＲＴ２【Pathos2-2】で言及した「たとえ話が響かない人」にも有効なアプローチとなります。「カレーライス」や「連想ゲーム」に置き換えて説明しても、「それとこれとは別の話ですよね」と言って伝わることを退けようとする人たちと書けば、思い出せるでしょうか。

この場合も、たとえば「思考整理は料理と同じです」と言ってダメなら、「思考整理はマッキンゼーの空・雨・傘のフレームワークと同じです」と説明を変えてみるのです。マッキンゼーは世界的なコンサルティングファーム（＝会社）の1つで、「空・雨・傘」はマッキンゼーの社員が使う有名な思考のフレームワークです。興味があればこのワードで検索して調べてみてください。

ただ、今フォーカスしたいのは、こうやって権威的存在＝巨人に登場してもらって説明することで、様々な相手に伝わるコミュニケーションができるという点です。

自分の力だけで理解・共感・信頼してもらうには、限界がある。

だからこそ、**できるだけ多くの人から評価されている人物やベストセラー・古典的名著**

等に日頃から触れ、自分が伝えたいと思っているメッセージへの信頼感を高めるサポーターとして増やしていってほしいのです。

【Ehtos3-2】で「エトスはまとうもの」と書きましたが、この項目と絡めるなら、ビッグ・ネームたちを「エトス」の要素としてまとい、自信としての信頼感を補っていきましょう。

その際、前の項目で紹介した「紙1枚」がそのまま使えます。

というより、あの「紙1枚」は7冊目の拙著『早く読めて、忘れない、思考力が深まる「紙1枚！」読書法』で提唱したものです。

なので、自分が伝えたいメッセージの後ろ盾を増やすんだという目的で、図39のような読書まとめを、これからたくさん書いてみてください。

この例は『ゲーテとの対話』（エッカーマン著、山下肇訳、岩波書店）の中から、「伝え方」の本質として大切にしたい文章を引用したものです。引用文を右半分の赤ペンのところに記載しただけなので、左半分は空欄となっています。

このように、まずは機械的に引用するだけでも構いません。

図39

Date Theme 11/11 『ゲーテとの対話』	○○○○○	Q? 多くの人に届く「伝え方」の本質とは?	
○○○○○	○○○○○	A? 百万の読者を期待しないような人間は、一行だって書くべきではないだろうね	
○○○○○	○○○○○	どういう意味?	3 人のためになるという確信はあるか?
○○○○○	○○○○○	1 売らんかなではなく気概・心の構えの話	2 自己満足・自己完結に陥っていないか?
○○○○○	○○○○○	なぜ重要?	3 初出版の時の気概を取り戻すきっかけに
○○○○○	○○○○○	1 「知る人ぞ知る」でOKとなってる自分に喝!	2 片づけのこんまりさんも当初からミリオンの志
○○○○○	○○○○○	どう活かす?	3 相手の役に立てると確信したことだけ書く
○○○○○	○○○○○	1 伝える前にこの引用文を音読	2 様々な場面で引用して親近感を高める

自分で断言する言葉をうまく作れない場合は、知の巨人の言葉をそのまま引用するだけでも信頼感には十分効きます。
以上の前提でさらにハードルを下げてもらいつつ、参考までに私なりにまとめ直した「1行」はこちらです。

「何人の役に立てると確信しているか」次第で、伝わる力は決まってくる。

ゲーテの言う「期待＝確信」を本書では「断言する」という動作に変換して、ここまで書き綴ってきました。こうした心構え＝マインドセット的な話ほど、ゲーテのようなビッグ・ネームを引用しながら伝えたほうが、相手が聞く耳をもって受け取ってくれる可能性は高まります。
「パトス」編で学んだエピソードを語るアプローチでも相手の反応が芳しくない場合は、ぜひこの項目の観点からリスタートをはかってみてください。

とはいえ、「そんなこと言われても、本を読む習慣なんてないし、古典や名著を読む力もないです……」となっている人もいるかもしれません。

そんな人のために、さらにハードルを下げてみます。


「映画」だったらどうでしょうか。

277ページの図40は、本書執筆時点で個人的に今年ダントツ1位だった映画『BLUE GIANT』について、「伝え方」という文脈で思考整理してみたものです。他にも目的に応じて色々なまとめ方・伝え方が可能ですが、1つの例として参考にしてみてください。

この場合は「自信」というよりは「好感」の要素が強くなってくると思いますが、いずれにせよ信頼感にプラスになることは確かです。

このように、題材は何でも良いので、とにかく色々な引き出しからあの手この手で相手にメッセージを伝えられるようになっていってください。

以上、これで「どうやって相手に信頼してもらうか?」に関しては完了です。

次の項目では、「エトス」のもう1つの側面である**「意志=行動」**のほうにフォーカスをあてていきます。

キーワードは、「**動詞だから、どうしようもなくなる**」です。

図40

Date: 11/11 Theme: 『BLUE GIANT』	JAZZは動的なもの	Q? 多くの人に届く「伝え方」の本質とは？	
他者の支え無くして自己実現なし	平さんのような大人でありたい	A? 演奏前に圧倒的な準備をしているからこそ、一期一会の演奏が可能になる	
寝ても覚めても没頭するほどの練習	知性+内臓をひっくり返す意志&熱量	どういう意味？	3 「伝える」も同じ：どれだけ準備してるか
心を揺さぶられてつき抜かれる体験	映画の大はオオタニサンみたい	1 JAZZは動的、1回性、一期一会	2 圧倒的な練習なくしてアドリブは無理
パトス=情熱の大	映画の大=天才	なぜ重要？	3 演奏の例なら、無理ゲーだと即理解
エトス=意志の玉田	玉田=凡才、凡人	1 伝える時になって何とかしようとする人	2 演奏する時になって何とかしようとする人
ロゴス=理智の雪祈	雪祈=秀才	どう活かす？	3 勝負は不測の事態でのアドリブ力
上の世代をリスペクトしつつ黙らせる力	ラストは原作超えにも程がある大感動	1 伝える前に何かしら準備する習慣を	2 準備通りに伝えて伝わったは初級編

Ethos 3-8

伝える前に、「動作レベル」に変換する

本書では「エトス＝意志・信頼感」と解釈しています。そこで、ここからは信頼してもらったうえで、「相手が行動しやすいようにどう伝えていくか？」という話をしていきたいと思います。本質は次の3つです。

- **「動詞」よりも「動作」で**
- **「あれもこれも」ではなく「3つ」前後で**
- **「率先垂範」しなければ行動変容は起きない**

この項目では、1つ目の**「動詞よりも動作で」**を解説していきます。

たとえば、部下や後輩に「もっと当事者意識をもって働いてほしい」「もっと主体的に

動いてほしい」「指示待ちではなく自分で考えて仕事をしていってほしい」といったことを伝えたいとしましょう。

この項目の前提として、あなたはすでに部下や後輩からの信頼は得ている状態です。あなたの話を真剣に聴いてはくれるし、あなたの想いや期待に応えたいという意志もある。

ところが、残念ながらこの伝え方だけで実際に行動に移せる人は、ほとんどいません。

PART2の「パトス」編で「火風水土」のパーソナリティ分類を紹介しましたが、もう1つ、私が非常に重要だと考えている人となりの捉え方があります。

- **わかるか：「わかったら」満足して、行動はしない人**
- **できるか：「できそうだったら」やる人、「できたら」満足する人**
- **やるか：やっているうちに「できる・わかってくる」と考え、とにかく「やる」人**

先ほどの伝え方で動けるのは、「やるかどうか」の人だけです。

一方、あなたの期待に応えて行動しようという意志はある前提なので、「わかるかどうか」の人は除外します。問題は、**「できるかどうか」**です。

・**「当事者意識って、どうすれば発揮できるんだろう……」**
・**「主体的に働くって、何をしたらそうなるんだろう……」**
・**「自分で考えて動くって、どうしたらできるんだろう……」**

実は、若手の頃の私自身が、まさにこの状態でした。

人によっては、「そんなの自分で考えろ」と感じるかもしれません。

ですが、何か自分なりに考えて行動しようにも、当時の自分にはストック（思考整理で言えば青ペンにあたる情報・材料）がなさ過ぎて、何も考えが浮かんでこないというのが実態でした。とても歯がゆくて、情けなくて、とにかくしんどかったことを今でもよく覚えています。

確かに、最終的には自分なりに考えて、工夫して、どんどん行動していけるようになっていかなければなりません。

ですが、最低限の原体験、ストック、青ペン要素は必要です。この本質は、本書の中で何度も登場していました。私は、あの苦しかった状態に意味があったとは思えません。無い袖は振れないなら、さっさと袖にあたるものを仕入れれば良い。

　自分なりに工夫する段階は、それからです。

　だからこそ、私は同じような状態でストレスを感じている人たちのサポートがしたくて、過去の拙著でも一貫して**「行動に移せるレベルで伝えること」**にこだわってきました。

この観点で言えば、他のビジネス書でよく目にする次のような表現は、いずれもアウトです。少なくとも私の本では、そう考えます。

- **目的を意識する**
- **お客様目線で考える**
- **組織に浸透させる**
- **責任をとる**
- **徹底的に考え抜く**

　こうした表現はいずれも、そのまま見聞きしただけでは何をしたら良いか不明瞭な言い回しです。実際、「組織に浸透させて」と言われても困ってしまうのではないでしょうか。にもかかわらず、このレベルの伝え方で終わっているケースが残念ながら数多くあります。あなたの職場でも、様々な動詞が飛び交っているのではないでしょうか。

私は、こうした**「行動できないフレーズ」**のことを**「動詞」レベルの表現**という言葉で定義しています。一方、**「行動に移せるレベルのフレーズ」**については**「動作」表現**と言っていて、具体的には次のようなイメージで分けています。

動詞レベル		動作レベル
・目的を意識する	↓	意識したい目的が書かれた紙を繰り返し見る
・お客様目線で考える	↓	お客様が考え・感じていることを書き出す
・組織に浸透させる	↓	浸透させたいメッセージを毎日唱和する
・責任をとる	↓	失敗に終わった時何をするか、契約書等に明記
・徹底的に考え抜く	↓	1行で言えるレベルまで何度も表現を書き直す

1行に収まる範囲内で強引に「動作化」しているため、まだまだ不十分な言い回しもあ

ります。それでも、「動作」レベルとはどういうことなのかについては、これである程度つかんでもらえたのではないでしょうか。

これを、冒頭のケースに当てはめてさらに具体化してみましょう。

「当事者意識や主体性を発揮し、自分なりに考えて動く」という「動詞」を、どうすれば「動作」に変換できるか。

まずは、この言葉の意味を解釈してみます。

当事者意識や主体性を発揮するとはどういうことなのか。

仕事においてそれは、ただ漫然と受動的に働くのではなく、会社の理念や方針を体現・達成するべく、日々できることを工夫しながらやっていくといった意味になるのではないでしょうか。だとすると、重要なのは次の3つになります。

図34

- **条件1：会社の理念や方針を認識できていること**
- **条件2：それらと自業務との間に、つながりを見出せていること**
- **条件3：日々の仕事の判断基準として、明確に意識できていること**

こうやって3つ程度の要素に分解したうえで、あとはこれらを行動に移せるレベルに変換していきます。

たとえば、図41のような「紙1枚」を書けばOKです。

これは、本書が出るまでの最新刊だった9冊目の拙著『あなたの「言語化」で部下が自ら動き出す「紙1枚！」マネジメント』を執筆する際、私が常に参照していた「紙1枚」です。具体的には、次の3つの動作で構成されています。

まずは【動作その1】です。

左半分には「自社の理念・ビジョン・方針」等を。右半分には自業務のキーワードを、青ペンでそれぞれ書き出します。

次に【動作その2】です。

両者を見比べ、赤ペンで○をつけたり線でつなぎながら「つながり」を見出してみてください。最終的には、上段に設けたフレームに収まるレベルで端的に言語化し、仕事をする際の判断基準として活用していきます。

図41

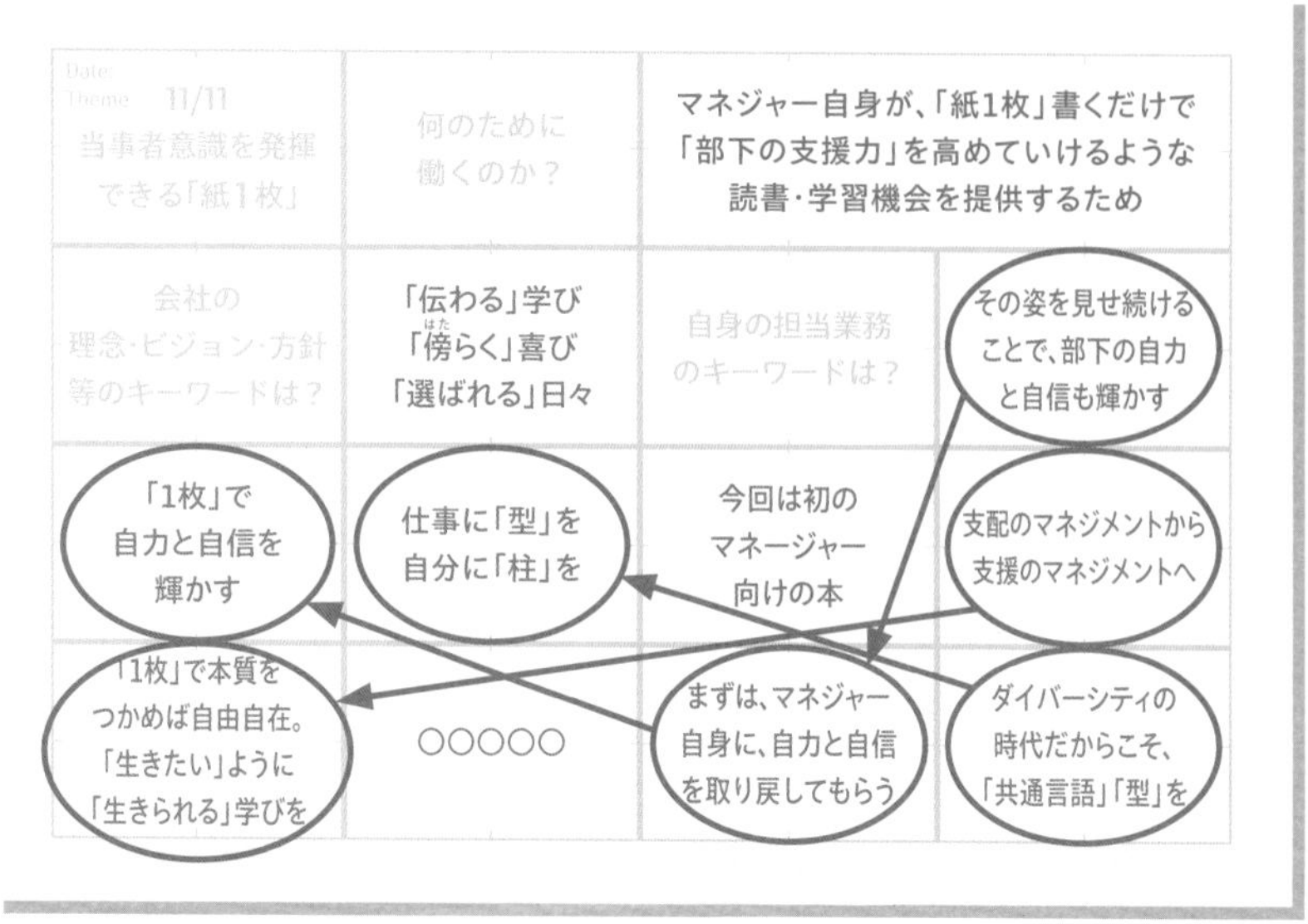

Date/Theme 11/11 当事者意識を発揮できる「紙1枚」	何のために働くのか?	マネジャー自身が、「紙1枚」書くだけで「部下の支援力」を高めていけるような読書・学習機会を提供するため	
会社の理念・ビジョン・方針等のキーワードは?	「伝わる」学び「傍らく」喜び「選ばれる」日々	自身の担当業務のキーワードは?	その姿を見せ続けることで、部下の自力と自信も輝かす
「1枚」で自力と自信を輝かす	仕事に「型」を自分に「柱」を	今回は初のマネジャー向けの本	支配のマネジメントから支援のマネジメントへ
「1枚」で本質をつかめば自由自在。「生きたい」ように「生きられる」学びを	○○○○○	まずは、マネジャー自身に、自力と自信を取り戻してもらう	ダイバーシティの時代だからこそ、「共通言語」「型」を

最後に【動作その3】です。

たとえば毎回仕事を始める前にこの「紙1枚」を見たり、どこに行く時も持ち歩くなどしていれば、**実際に意識し続けることができます。**

どうするか迷った時は常にこの「紙1枚」を参照し、「この目的を達成するために、いま自分はこの仕事を頑張っているんだったな」と再確認する。

そのうえで、「だとしたら、今回はどうするべきだろう？」と考えていけば、思考整理の際の判断基準として実際に役立てていけるのではないでしょうか。

これが、行動に移せる「動作」レベルの

伝え方の例です。

ここまで変換しておけば「あとはやるだけ」という状態になるので、「できるかどうか」の人でも十分に行動に移すことができます。

とはいえ、バランスを取る意味で1点ケアをさせてください。

もちろん、毎回何でもかんでもこのレベルで伝えましょうと言いたいわけではありません。教育的・人材育成的配慮から、敢えて動詞レベルで伝えることだってあり得ると思います。

大切なのは、いざ「動作レベルに変換してください」と問われれば、ちゃんと変換できることです。**自分でもどう行動に移して良いかわからない仕事を、部下や後輩に「動詞レベルのまま」振ってしまったら最後、あなたが積み上げてきた信頼感は崩れ落ちていく**と思ってください。

「あー、この人自分でもわかってないことをこっちに丸投げしてきたな」といって、まず間違いなく見抜かれます。

人は誰しも、なぜかそういった力には長《た》けていたりするので、日頃から動詞を動作に変換する力を高め、こういった事態に陥らないようにしていきましょう。

相手の意志を行動につなげてもらうために&あなたの信頼を守るために。

「紙1枚」をたくさん書きながら、ぜひ「理解できている=動詞レベル」と「行動できている=動作レベル」の違いを味わい続けていってください。

それが、この項目を身につけるための一番のトレーニングになります。

さて、あっという間に「エトス」編も次で最後の項目となってしまいました。

というわけで、2つ目と3つ目の本質は一緒くたにして扱っていきます。

ラスト・キーワードは、**「動かないのは相手が悪いから?」**です。

Ethos 3-9

伝える前に、「率先垂範」する

相手が行動しやすくなる伝え方、3つの本質を再掲します。

・**「動詞」よりも「動作」で**
・**「あれもこれも」ではなく「3つ」前後で**
・**「率先垂範」しなければ行動変容は起きない**

このうち、2つ目の**「3つ前後で」**に関しては、本書のすべてが実例集みたいなものです。1点だけ、「各編9つずつじゃないか」と感じてしまっている人は、本書のおさらいも兼ねて、もくじを見ながら内容を分類してみてください。各編とも、ちゃんと3つ前後で分けられますので。要するに、私自身がこの本を通じて**「率先垂範」**で体現し続けてきたということです。その結果、もし今「よし、これをまずはやってみよう」と実際になってくれているのであれば、私はあなたの行動変容を支援できたことになります。

つまり、本書の読書体験自体が、この2つの本質の解説になっているわけです。

以上について まとめた1行を、断言スタイルで言語化しておきます。


自分がやっている姿を見せ続けているからこそ、あっさり伝わる。


もし私がこのページに来るまでに、「ポイントは15個です」「7STEPでやってみましょう」とやっていたら、「相手が行動しやすいよう、3つ前後にまとめて伝えよう」とこの項目で言っても、まったく説得力がありません。

率先垂範、体現できていないからです。

「相手に行動してほしい」とあなたが願っているなら、「他ならぬ自分自身」が、まずは行動する。これを、伝える前にクリアしておく必要があるのです。


こう書いてしまうと実に当たり前のことのように見えてしまっているかもしれません

が、現実にはできていない人がたくさんいます。

たとえば、日々登壇していると、受講者さんからよく「この手法を部下にやらせたい、どうすれば良いか？」という質問を受けますが、私の答えはいつも同じです。


「まずは、ご自身が役立てている姿を、部下に見せてください」


ところが、1カ月ほど経った後、「部下がやらない、どうしたら良いか？」という質問がまた来たりすることがあります。私が、「ちなみにこの1カ月で何枚くらい書きましたか？」と聞くと、どんな答えが返ってくるか。

「いや部下にやらせたいだけなので、私は書いていません」と言って、当初のアドバイスがなかったことになっていたりするのです。

こうしたやりとりは本当に多いのですが、最大のポイントは「自分がやってないから部下もやらない」ということに、本人がまったく気づいていない点にあります。

自覚なく、自身が体現するのを怠ることで信頼感を損なっている。

無意識レベルでやっているわけですから、これはとても怖いことです。

よほど自覚的にならないと「部下が悪い」と言って他責モードになってしまいかねません。だからこそ、「率先垂範」です。

どうか本書の内容を「誰かにやらせよう」ではなく、まずは自分自身でトコトン使い倒していってください。「急がば回れ」です。

その姿を見て、周りはあなたに信頼感を抱きます。

そのうえで伝えるからこそ、結果的に相手もやってくれるのです。


以上、「エトス」編はいかがだったでしょうか。といっても、最後の項目があっさり終わり過ぎて拍子抜けしている人も多いかもしれません。

ですが、これこそが本書のゴールです。


「え、どういうこと?」というわけで、冒頭の「ファースト・メッセージ」とも呼応するカタチで、全編を通じた「ラスト・メッセージ」を最後にご用意しています。あと1つだけ、お付き合いください。

ファイナル・キーワードは、「**伝える前が9割**」です。

「伝える時」に時間をかけないあなたへ

「エトス」編の最後の項目は、どうしてこんなにもあっさり終わってしまったのか。

その理由は、これまで約300ページにわたって、私自身が本書のメッセージ内容を体現してきたからです。このことを、次のキーワードでまとめ直してみます。

スピード・オブ・トラスト。

実は、まったく同じタイトルの書籍があります。『スピード・オブ・トラスト』（スティーブン・M・R・コヴィー他著、キングベアー出版）という本で、『7つの習慣』の著者の息子さんによる著作です。個人的には、『7つの習慣』よりこちらのほうが凄い本だと思っていますので、隠れた名著としてこの機会にぜひ読んでみてください。

なぜこの本を高く評価しているのかというと、私がトヨタで体験してきたコミュニケーションの本質と見事に重なったからです。

強固な信頼関係こそが、超効率的コミュニケーションが成立する条件。

まさに、「信頼=速さ」であり、「エトス」的な伝わり方を極めると、ほとんど何も話さなくても相手が勝手に理解し、心に響かせて動いてくれる世界が待っているのです。

私は2020年に『説明0秒！　一発OK！　驚異の「紙1枚！」プレゼン』という本を上梓しました。どうしても「紙1枚」のほうにフォーカスがあたってしまいがちなのですが、私の力点は圧倒的に**「説明0秒」**のほうにありました。

タイトルの意味は、毎回同じ構成の「紙1枚」資料を使って同じスタイルで報連相やプレゼンをしていれば、最終的には上司から「もう説明しなくてOK」と言われるようになってくる。なぜなら、上司は都合が良い時に資料を見て、頭の中で私のいつもの説明を脳内再生して確認するだけだからです。それで問題なければ、報連相はこれで完了。

もし引っかかるところがあれば、その時だけコミュニケーションを取れば良い。いずれにせよ、説明のための打ち合わせ時間自体は不要になってしまう。

これが「説明０秒」の意味であり、タネも仕掛けも明確にあるコミュニケーションの本質を射貫いた言葉なのです。ただし、１つ大切な条件があります。

相手から信頼されていること。

「説明０秒」の世界にたどり着くためには、その過程で「Ｗｈａｔ」「Ｗｈｙ」「Ｈｏｗ」や「対比」による「紙１枚」レベルのコミュニケーションでも「実際に何の問題もなく仕事が進む」という事実を、何度も積み上げていく必要があります。

そうした小さな実績の蓄積によって構築した信頼感が「エトス」として機能するからこそ、**「もう基本的には任せた！」という構え**で、相手が接してくれるようになるのです。

よく、なぜ私の会社では「紙１枚」が浸透しないのかといった相談を受けることもあるのですが、最終的な問題は**「社員同士の信頼関係」**に行き着きます。

「本当に？」「大丈夫？」「まだ甘いんじゃないの？」と相手に思われている限り、すなわち信頼感が不足している間は、たとえ「紙1枚」にまとめて「3つの疑問」を解消しても、松竹梅で「比べて見せても」、たとえ話で「既知との照合」を駆使しても、相手からのツッコミは無くなっていきません。

それどころか、自己開示をすれば「で?」とあしらわれ、エピソードを語っても「それってただの個人的な体験だよね」と退けられる……。熱意を伝えようと「Why」を繰り返してみたら、「そんなに何回も言わなくて良いよ」というシラケた反応が返ってくる……。

本書の内容が使えない地獄絵図のような職場環境ですが、その根本原因は結局のところ「エトス=信頼感」の不足にあるのです。

一方で、PART1の冒頭で、「エトス」は時間がかかると書きました。

だからこそ、まずはカンタンに効果を実感しやすい「ベース」編や「ロゴス」編から本書をスタートしました。ですが、最後だからこそ強調しておきたいことがあります。

本書は、「できるだけ話さないですませたい」人のための「伝え方」の教科書だと、「はじめに」で宣言しました。

「では、いったいどうすれば実現できるのか?」について最も端的に答えるのであれば、最後の最後は**「エトスを高めよ」**の1点に尽きます。

どれだけ多くの人に、信頼感を抱いてもらえるか。

ここを目指して、どうかこれから年単位で本書を活用し尽くしてください。

短期的にも、もちろん効果は多数実感できます。

一方、長期的な取り組みの先に待っている世界は、もっと格別なものです。

伝える前に、時間をかければかけるほど、
伝える時に、まったく時間のかからないコミュニケーションが待っている。

この醍醐味を、これからぜひ味わっていってください。


最後に、タイトルの意味を回収して本書を終えたいと思います。

「伝える前が9割」とは、**「伝える前にコミュニケーション全体の9割の時間を割くことによって、伝える時は1割レベルの超短時間で相手に伝わるようになる」**という意味です。

「ベストセラーによくあるタイトルだから付けました」的な安直な話ではありません。

「できるだけ話さないですませたい」という本音を抱えて試行錯誤してきたひとりの人間が、その人生のすべてを懸けて学び取ってきたコミュニケーションの極意です。一生ものの本質を射貫いた言葉として、「伝える前が9割」という断言に私は誇りをもっています。

本書を通じて、どうか伝える時ではなく、伝える前に時間を使える人になっていってほしい。そう願ってやみません。それは同時に、伝える時に相手の時間を奪わないことにもつながります。「できるだけ話さないですませたい」という自分の本音と、相手の貴重な時間を尊重するという他者貢献。この本は、その両立を実現できる伝え方集です。

どうか自らの本音にOKを出しつつ、それでいて相手のためにもなるコミュニケーションを、これから楽しんでいってください。自分を我慢することなく、それでも多くの人とのつながりを感じ、孤独とは無縁の日々をこれから歩んでいける。

本書が、そのための一生ものの地図になっていけば幸いです。

謝辞

２０２３年２月、私は東京・飯田橋にあるＫＡＤＯＫＡＷＡさんの本社ビルにいました。飯田橋はトヨタの東京本社がある場所なので、私にとっては懐かしい土地の１つです。

目的は、本書の担当編集者である松原まりさんとの打ち合わせでした。

既に「コミュニケーション」という大枠のテーマは決まっていたのですが、具体的にどのようなコンセプトの本にしていくのか。

松原さんの資料には、「下書き」というキーワードが書かれていました。

その文字を見た時、私は心の中で「おお、ついにこの時が来たか！」と躍動したことを今でもよく覚えています。

私としては、「コミュニケーション」がテーマなら「伝える前が９割」というコンセプトで書きたいと、あらかじめ考えていたからです。

「伝える前が９割」という言葉を見出したのは、実は10年前の２０１３年にまで遡ります。

当時は『伝え方が9割』（佐々木圭一著、ダイヤモンド社）がミリオンセラーになった年で、私はまだ作家としてデビューすらできていない時代でした。それでも当時、もし自分が本を世に問える立場になれるのだとしたら、その際「○○が9割」というタイトルで出すとしたら、自分だったらどんな本が書けるのだろうと、あれこれ考えていました。

その時に出した結論が、「伝える前が9割」だったのです。その後、今度は『人は話し方が9割』（永松茂久著、すばる舎）がミリオンセラーになり、ますます「○○が9割」というタイトルでは本が出しにくい状況になってしまったのですが……それでも、いつか上梓できる日は来ると信じていました。

なぜなら、『「伝える前」が9割』は、自分にしか書けない本だからです。

トヨタでの経験や、伝える前に「紙1枚」書くだけで実践可能なスキルを提供できる点もそうなのですが、何より私には「できるだけ話さないですませたい」という本音がありました。

それでもここまで何とかしてきた実体験があるからこそ、最初から最後まで一貫して「伝える前」の重要性について伝えられるし、この本を必要としている人に伝わるように届けることもできる。

そうした確信があったからこそ、10年間ずっと諦めることなく、このコンセプトが孵化する日を待ち続けてきたのです。

打ち合わせ開始から数分後、私は松原さんに次のようにお伝えしました。

「下書き」とは「伝える前にやること」です。ここでコミュニケーションの成否が決まってしまうのであれば、「伝える前が9割」というのはどうでしょうか。

1週間後、社内で企画が通っていました。

こんなにも早く企画が確定したのは初めてだったのでさすがに驚いてしまいましたが、同時に、ついに書けることが決まって本当に感慨深かったです。

というわけで、本書は10冊目の記念作品であるのと同時に、10年間温め続けてきた「私が最も書きたかった本」でもあります。

内容だけでなく、そうした10年分の想い＝パトスの部分も本書から味わってもらえたら嬉しいですし、この活力があなたの読書体験にとってプラスに作用するのであれば、気持ちを途切れさせなかった甲斐があったというものです。


このような機会を授けてくださった松原さんに、深く感謝を申し上げたいと思います。本当にありがとうございました。

また、松原さんとの御縁をくださった池口祥司さんにも多大な感謝を。そうなると、池口さんとの御縁は天狼院書店さんがきっかけなので、店主の三浦崇典さんにも御礼を申し上げなければなりません。

というように、毎回謝辞を書き出すと終わりなき感謝の連鎖が始まって収拾がつかなくなるので……。

家族に伝えてピリオドとさせてください。

今回もこうして執筆できたのは、家族のサポートあってのことです。本作ではユニークなエピソードまで提供してもらいました。いつも本当にありがとう！

最後に、読者のみなさまへ。

10年熟成の10冊記念書籍、楽しんでもらえましたでしょうか。

ぜひ少しでも感情が動いたのであれば、そのエネルギーを行動に変えていってください。本文でも何度も言及しましたが、読後のサポート体制は万全です。巻末のURLをご参照ください。

ひとりでも多くの読者さんが、「読んで楽しかった」だけでなく「使えて、役立てて、活用できて楽しかった」となってくれることが、私の一番の願いです。

最後まで読んでくださって、本当にありがとうございました。

「1枚」ワークス・浅田すぐる

本書で紹介した「紙1枚」フォーマットや参考動画を、
サポートコンテンツとしてお楽しみいただけます。
是非ご活用ください。

「実践サポートコンテンツ」のご案内
https://asadasuguru.com/mae9/

■PC・スマートフォン対象(一部の機種ではご利用いただけない場合があります)。■パケット通信料を含む通信費用はお客様のご負担になります。■第三者やSNSなどネット上での転載・再配布は固くお断りいたします。■やむを得ない事情により予告なく公開を中断・終了する場合があります。■本データは「1枚」ワークス株式会社が提供しています。株式会社KADOKAWAではデータファイルのダウンロード・使用方法等についてはお答えできません。■端末やOSによっては、データファイルを開くためのアプリや、サービスへの登録が別途必要になる場合があります。なお、必要なアプリのインストールや詳細な操作手順については、ご利用環境によって異なるため個別にご案内できません。

【お問い合わせ】
「1枚」ワークス株式会社
https://asadasuguru.com/#contact

※2023年9月現在の情報です。

浅田 すぐる（あさだ・すぐる）
「1枚」ワークス株式会社代表取締役。「1枚」アカデミア・プリンシパル。動画学習コミュニティ「イチラボ」主宰。作家・社会人教育のプロフェッショナル。名古屋市出身。旭丘高校、立命館大学卒。トヨタ自動車入社後、海外営業部門に従事。同社の「紙1枚」仕事術を修得・実践。米国勤務などを経験したのち、グロービスへの転職を経て独立。現在は社会人教育のフィールドで、書籍・セミナーなどを通じビジネスパーソンの学習を支援。もともとは苦手だったコミュニケーションを改善・向上させた独自の手法が共感を呼び、著書累計発行部数は55万部以上。

「伝《つた》える前《まえ》」が9割《わり》
言《い》いたいことが最短《さいたん》で伝《つた》わる！「紙《かみ》1枚《まい》」下書《したが》き術《じゅつ》

2023年9月26日　初版発行

著／浅田《あさだ》 すぐる

発行者／山下 直久

発行／株式会社KADOKAWA
〒102-8177　東京都千代田区富士見2-13-3
電話 0570-002-301（ナビダイヤル）

印刷所／大日本印刷株式会社

製本所／大日本印刷株式会社

●お問い合わせ
https://www.kadokawa.co.jp/（「お問い合わせ」へお進みください）
※内容によっては、お答えできない場合があります。
※サポートは日本国内のみとさせていただきます。
※Japanese text only

定価はカバーに表示してあります。

ISBN 978-4-04-606417-2　C0030